活着，为了什么？
Vivre, à quoi ça sert ?

以马内利修女 著

华宇 译

深圳报业集团出版社
SHENZHEN PRESS GROUP PUBLISHING HOUSE

可敬可爱的以马内利修女

以马内利修女（Soeur Emmanuelle），比利时人，在欧洲具有崇高的地位，被尊称为"穷人的守护天使"。她生于1908年，现年99岁，不但是法国人最尊敬的女性神职人员，而且在每年的民意调查中，始终是最高知名度暨最受欢迎的女性公众人物。

以马内利修女拥有哲学与宗教学文凭，及巴黎索尔本大学文学学士学位。1931年她正式进入锡安圣母院教会（Congregation de Notre Dame de Sion），直至1970年，长达40年在土耳其、突尼斯与埃及教授文学。1971年起，63岁的她决定专心致力于协助埃及穷人，先后深入亚历山大、开罗郊区拥挤的贫民窟，终日与以拾荒维生的穷人、垃圾、家畜为伍，协助贫民窟建设学校、诊所、养老院。

她是如此全心全意地投入工作，浑然不觉老之将至，直到88岁被上级强迫退休为止。她目前住在法国南方一所养老院中，只要行有余力，仍旧为消弭贫穷而四处奔走。除了经常受邀到欧洲各地举行讲座，分享在世界各地工作的亲身经验，呼吁年轻人要有广博的世界观之外，她也负责联系和协调20世纪90年代成立的

"以马内利修女之友协会"（比利时、巴黎和瑞士都有分部），发挥她的影响力，游说不少政治家与企业家共同帮助更多的穷苦儿童，并继续埃及贫民窟以及苏丹、黎巴嫩、菲律宾等遍布世界20多国的救助与建设工作。此外，她也积极参与帮助法国地区的未婚妈妈、流浪汉及孤儿。

以马内利修女的个性刚烈，精力旺盛，浑身散发出强烈的迷人神采。80岁的她，在埃及服务时，经常会忘情地跳到海里和孩子们一起游泳。她虽是天主教修女，却也推崇伊斯兰教、佛教及其他宗教所强调的人性及互爱精神。看到国防部官员，她就直言劝他们停止制造武器外销。遇见教会团体，她就建议教士们晚上偶尔到桥下过夜，才能体会孤苦无依、无家可归者的心灵处境。在飞机上看到一群到东南亚嫖妓的欧洲观光客，她会气得七窍生烟。当开罗政府的承诺跳票之后，她急冲冲飞到瑞士紧急募款，并放话说若筹不到足够费用让贫民窟的诊所如期完成，她打算带头去抢银行……阅读她的著作《贫穷的富裕》，字里行间充分流露出她炽热的关爱和深厚的同情心，以及她对非正义现象毫不妥协的强硬姿态与积极的行动力。

多年来，在法国IFOP民意调查机构，针对"法国最高知名度暨最受欢迎人物"的调查中，以马内利修女一直是排名居前的女性。IFOP民意调查机构负责人说："有意思的是，正当教会的影响愈来愈小，上教堂的法国人愈来愈少时，却有那么多人把票投给了一位老修女，把她视为自己的至尊与至爱。这样的结果无疑说明了，人们尊崇的是她的价值取向,而不是她的身份或职业。"

高龄99岁的以马内利修女,最近一次公开露面是在2005年1月初。她在法国第一电视台的晚间新闻中,针对南亚海啸世纪灾难发表谈话,呼吁各国政府大幅放宽认养儿童的法规,以让更多无依的受难儿童,能找到一个温馨的家……

《活着,为了什么》是以马内利修女2004年的最新作品,书中她以法国17世纪著名的天才数学家、物理学家及思想家帕斯卡的著作《沉思录》为主轴,娓娓述说自身将近一个世纪的追寻旅程。一位是当今最受敬重的修女,一位是在历史时空中永恒不朽的神学及哲学大师,两颗灿然发光的伟大心灵,在本书的字里行间深刻交会,为忙乱而焦虑的现代人指引着安身立命的方向。

在世局喧哗而浮动的时刻,你我都需要这样安静而清晰的心灵之声!

目 录

可敬可爱的以马内利修女 1

活着，为了什么

关于帕斯卡／华宇 3

前言　对意义的焦虑 11

　　俗话说"见树不见林"，当细枝末节、鸡毛蒜皮的小事或是一些单一事件受到过多关注时，就会忽略了宇宙的其他部分，也缺乏一个全面性的观点，能够看到每样东西在统一的整体中所占的位置。于是，我们不断地从一个问题被抛到另一个问题上。

第一章　思想与物质 19

　　如果从虚无中逃脱的出路不存在于物质的范畴里，不存在于对我们无度欲望的满足上，是否该往精神的范畴去寻找呢？这个从思想而来的崇高事物，是否就是我们得以摆脱那从四面八方而来，紧紧束缚着我们的无意义的出口呢？

第二章　吊诡的理智 42

　　"变成如神一样"的诱惑总是虎视眈眈地伺机在旁，因为当理智沉溺于自我时，会产生无所不能的感觉。精神秩序里的冒险旅程同时兼具了伟大与可悲！似乎充满了无限希望，但最后的结果却让人看到理智的无能。

第三章　享　受 ………… 57

没有限度地寻求享乐，同时也意味着不断地承受欢乐的局限。当感官和想象力愈是感到欢乐带来的欢欣畅怀时，它的快速消退也愈容易让人尝到苦涩滋味。欢乐之后带给人的是一个大坑洞，一个欢乐永远无法填满的空虚。

第四章　解　放 ………… 70

那是一种解放，犹如灯塔的光芒照亮了我的夜晚。现在，我只需要让那追求绝对的渴望尽情绽放，我只需要秉持我对人的简单淳朴的信任感去亲近上帝，不再需要寻找理性的证据。

第五章　爱的行动 ………… 84

我们的天性会主动寻求个人的全面发展，它蕴涵了享乐和占有，以及自我吹嘘的渴望，同样也包含了给予、服务、同情他人的冲动，所有这一切都交织纠结在一起。我认为，最理想的状态是，努力发展一个同时结合个人幸福及他人幸福的事业。

第六章　"一切是一，每一个都在另一个之中" ………… 97

"一切是一，每一个都在另一个之中。"这句话帮助我接受了我的原初身份，恶中有善，善中有恶。我是以结合体的身份存在，就像水一样。想要消除我这个结合体里坏的一面，等于是要毁灭我自己。接受我生命里的根本矛盾，就是将阻碍我轻盈雍容前进的苦涩给化解掉，就是带着幽默看我自己。

结语　泡沫与永恒 ………… *111*

> 竖起你的耳朵，仔细听听你的周围，有谁或什么正期待着只有你才能提供的东西？当一个匮乏能够回应另一个匮乏时，突然之间，全新的东西产生了。这个世界上，诞生了某样新东西。不论是艺术品、科学研究、人道救援，所有这一切都属于那个巨大的链条，在世世代代的岁月中，产生真正属于人的生命。

贫穷的富裕

前言　贫穷与富裕的吊诡 ………… *119*

> 什么才算是一个幸福的人生呢？对个人来说，做自己、有着快乐的生命，意味着什么？我们又该到哪儿去寻觅人类的共同幸福呢？

第一章　贫穷的丑闻 ………… *125*

> 在我的人生旅程即将抵达终点之际，我认为有必要唤醒人们的意识：让我们继续提供人道协助，但千万别忽略了问题的根源。事实上，贫穷的丑闻之所以存在，乃是因为我们最终接受了这种不公正的世界秩序。

第二章　与穷人一起 ………… *154*

> 真正的尊重，需要考虑对方的想法。不论在什么情况下，都不应该将我们的想法强加于对方身上。每一个人，不论他的社会地位、知识水平、经济条件如何，有着什么样的肤色、健康状况和年龄，也不论他的处境有多悲惨——都是有价值的。

第三章　贫穷的富裕 ………… *183*

> 重要的是，不要将物质舒适视为生命的终极目标，要能够向他人开放，主动与人分享，泰然地放弃某些事物、某项动人的旅行。这

时，我们就能达到一种灵魂上的富有，不再觊觎他人。

第四章　选择贫穷 210

所有这些选择贫穷的人，他们到底在寻找什么？他们最终是否找到了他们要寻找的东西？这个人们数十世纪以来前仆后继在追寻的目标，当然不在体验悲惨生活——悲惨终究是一种苦难。尽管方式各有殊异，但每一个人的目标都在透过物质匮乏以达到精神的丰实、生命的喜乐……

第五章　与贫穷的基督相遇 226

宗教，换言之，人和神的关系，是在全然的人性中，在日常生活中，在具体的团结互助中获得实践。反之，宗教将仅是一种幻觉而已！事实上，神是通过人，拿撒勒的耶稣，来到人的面前。"人"是我们与神相遇之处。

第六章　神的选择 242

事实上，《圣经》显示，神总是垂怜眷顾痛苦之人，不论他受的是哪种形式的苦：卑微者，软弱者，无力者。神正是以穷人的身份，加入穷人的行列。当人在贫穷之中时，身体和心灵皆有了价值。

结语　生命的喜悦 255

凡是愿意放弃某些短暂诱惑的人，他内心将绽放出让人永生不朽之花。他超越了事过境迁的世界、幻影与自我中心的世界，他将进入永恒不朽的世界、恩典的世界、神的世界。

活着，为了什么
Vivre, à quoi ça sert

关于帕斯卡

华宇

每个学过物理的人，都知道"帕斯卡原理"；喜爱数学的人，都玩过有趣的"帕斯卡三角形"；研究文学史和哲学史的学者，将帕斯卡和卢梭并列为浪漫主义的先驱；而关心生命哲学和宗教神学的人士，则把帕斯卡的《沉思录》视为一盏永恒不灭的烛灯，照亮着每个寻求者的心灵。

帕斯卡（Blaise Pascal，1623—1662）是17世纪欧洲最重要的天才思想家之一，与思想泰斗笛卡尔（René Decartes，1596—1650）齐名。在短短39年的生命中，他在数学、物理、宗教、哲学和文学上的非凡成就，对后世思潮影响非常深远。

从数理神童到宗教哲人

帕斯卡出生于法国中部的小城克莱蒙－费朗（Clermont-Ferrand），3岁时母亲就去世了，父亲是政府的税务人员，非常宠爱他和姐姐、妹妹三个孩子。帕斯卡自小体弱多病，博学多闻的父亲便亲自教导他读书，学习历史、拉丁文和希腊文。父亲本身很热爱数学，却从不教他，认为数学太伤神，不适合孩子的智能发展。

但帕斯卡却是早熟的神童，小小年纪就展露出超乎常人的禀赋。他12岁时偶然看到父亲在读几何书，好奇地问："几何学是什么？"父亲不想告诉他太多，只说是研究三角形、正方形和圆形等图形性质的学问。没想到这几句话让他产生了兴趣，他根据父亲所讲的一些简单知识，自己摸索研究，高兴地告诉父亲他的发现："任何三角形的三个内角总和，永远等于180度。"父亲听了忍不住哭了起来，从书房搬出欧几里得（Euclid，公元前325至前265年）的《几何原本》，让他开始悠游于数学殿堂。

帕斯卡在数学领域的成就斐然：13岁发现"帕斯卡三角形"，14岁起参加巴黎数学家和物理学家的小组活动，16岁发表了一篇备受推崇的圆锥曲线论文，立刻引起笛卡尔的注意。笛卡尔是解析几何的创立人，起先根本不相信这篇论文是一个少年所写的，以为是他父亲代为捉刀。

帕斯卡17岁时，写出了400多个关于圆锥曲线的数学定理。19岁时，他为了减轻父亲计算税务的麻烦，发明了世界上第一台计算机；往后又陆续制造了超过50种计算机，有些至今仍保留在巴黎的艺术与技术博物馆。他30岁时提出"帕斯卡三角形排列法"，并与著名的数学家费马（Pierrede Fermat，1601—1665）共同研究"赌博"问题，奠定了概率论的基础。他研究摆线问题，刺激了德国的数学家莱布尼兹（Leibniz，1646—1716）发现微积分。数学上的归纳法也是他最早发现的。

在物理学方面，帕斯卡的主要成就在于对流体静力学和大气压力的研究。他24岁时以著名的托里切利水银柱实验，证实了真空和空气压力的存在，一时轰动法国，目前压力的单位Pa，就是以他的名字（Pascal）命名的。28岁时，他证实了空气压力来自它的重量，而压力只跟深度有关。在同一水平位置，无论你走到哪里，承受的压力都一样，而在上下山的过程中，我们就可感受到压力的变化。这就是帕斯卡原理，是流体静力跟动力学发展的基础，至今仍是理工学科必读的定律，航空及造船工程必备的基本常识。

除了科学之外，帕斯卡对哲学和宗教也拥有执著的热情。他23岁开始接触基督信仰，起初他认为信仰只是一种哲学概念，后来他渐渐发现：当人忧伤时，哲学并不能提供安慰；但是心中有信仰的人，即使知识不多，却可得到心灵的安息。面对浩瀚无垠的宇宙，帕斯卡领悟到人类的渺小和微不足道，尤其是他长年饱受病痛折磨，对生命的卑微和脆弱有格外深刻的感受。于是他研读《圣经》，并从疑惑、绝望和幻灭出发，思索生命终极意义的问题。

1654年11月23日夜间，帕斯卡从马车上摔下来却大难不死，让他感受到上帝护佑的神秘，从此他放下科学研究，完全沉溺于宗教的真谛及教义的严肃思索。

当时天主教耶稣会和杨森教派（Jansenism）之间正处于对"恩典"问题争论不休的阶段。杨森主义者强调，自从亚当、夏娃堕落后，所有人类都受到罪恶的腐蚀，因此主张人必须靠个人的自由意愿和努力去实行神的恩典，才能获得救赎。帕斯卡为杨森教派辩护，以匿名方式发表了当时引起广泛回响的18封《外省书信》，驳斥耶稣会对恩典的解读以及其松弛的道德观。其文体风格是如此简洁、严整而优美，被公认为法国散文的不朽之作。

为了实践一个真正教徒的作为，他住进修道院，过着虔诚、贫困、简朴、规律、禁欲的生活。为了救助贫民，给贫困者慈爱与温暖，他变卖家具、马匹、产业及图书馆，只留下奥古斯丁的作品、《圣经》和一些灵修册子。

到了后来，他更像个苦行僧一样，把有尖刺的腰带缠在腰上，每当有不虔敬的想法浮现脑海，就用手肘打撞腰带，以身体的痛楚来唤醒自己。他将《约翰福音》第17章抄下来，缝在衣服袖子里面，一直到死了以后，才被人们发现。

这位伟大的科学、神学和文学奇才只活了短短的39年。虽然身受病痛的折磨，他临终前的最后一句话却是："上帝永远没有离开我。"

帕斯卡的《沉思录》

帕斯卡另一本影响深远的著作，是他死后才出版的《沉思录》

(*Pensées*)。这其实是一部未完成著作（为他所认定的宗教信仰所写的"辩护词"）的"草稿"，后世编者根据他的笔记与手稿片断编辑而成，并命名为《沉思录》。

这些短简残篇于1670年由帕斯卡家族编辑整理、Port Royal修道院出版，首度公开发表后，立即引起广泛回响，尔后陆续有许多不同版本问世，在哲学、神学领域都受到极大敬重。简短的诗句描述了他对信仰的纤细感触，字里行间传达着清晰的理性、深沉的思索、炽热的心灵，连文学界也将它视为瑰宝。文学家伏尔泰称赞这本著作："这是有史以来最好的一本诗集。"

当初，家人所发现的这堆手稿，充分显露了帕斯卡极特殊的思考与写作方法——他会先在大张纸页上写下一些想法，尽管部分段落行文简略，甚至句子零落、不完整，但也不乏推理论据非常详尽的论述，同时穿插许多平面图、曲线图。写满之后，帕斯卡再将这些大张纸页裁剪成小纸片，按不同主题分类，并在纸片上头穿洞，用一根细绳绑起来，为每一捆手札取一个标题。

在27捆定好标题的手札中，帕斯卡明确标示了排列次序，这些数量约400多则的思想片断，在编辑上没有太大争议。然而，原文手稿中还有30多捆没有标题的纸片，这些思绪片断不仅内容、议题多元，而且非常繁杂零碎。后世编者对这部分内容的取舍与排列上的差异，造成了《沉思录》的不同版本面貌，也影响了世人对帕斯卡思想的不同解读。

本书作者以马内利修女所使用的是Brunschvicg版的《沉思录》，

1904年出版（之后陆续有其他增订版问世），按内容主题自行分类，将重点放在帕斯卡关于人类本体、心灵与道德方面的探讨（而非为宗教或信仰辩护层面），并且补充了许多注释，是一般公认最好的版本之一。

总的来说，《沉思录》虽然立意为宗教辩护，洋溢的却是对人类心灵的礼赞与推崇。他说"人是一根会思考的芦苇"；他说"心灵有自己的秩序"，只靠理性并不能寻得生命的真理；他说"尽管我们的不幸举目皆是，但是我们仍然有一种本能与情感是无法压抑的，它把我们高举起来"；他说"一切事物既是因又是果，既依存又独立，既间接又直接，我们都由一条自然而不可思议的链锁紧紧相连……那份永恒的关系使我们短暂的生命充满惊奇"。其对心灵的思索，直到今天仍然深深打动人心。

尽管《沉思录》中有大量的神学论述，但帕斯卡同时也是最早严肃质疑上帝存在与否的哲学家之一，他分别从心理学和宗教学来审视生命的基本问题，最后归结为，对上帝的信仰只能是个人的选择，也就是他著名的"赌注"之说，为人与上帝存在的问题提出了革命性的解决之道。

帕斯卡与当时主张唯心论的笛卡尔最大的差异在于，笛卡尔试图以形而上学的理性来证明上帝的存在、论证物质世界的可知性；帕斯卡则看到理性的局限，在无限的宇宙面前，体会到人们的脆弱、痛苦及有限性。他关心宗教的情感深度，认为只有心灵（感情、直观、爱）才能体验到上帝，并找到人的定位。他提出的"直觉"

概念，对卢梭（Jean-Jacques Rousseau，1712—1778）的浪漫主义、胡塞尔（Edmund Husserl，1859—1938）的现象学、柏格森（Henri Bergson，1859—1941）的直觉主义等重要思潮，都产生了深厚影响，带来永恒的贡献。

前言　对意义的焦虑

我希望透过写这本书，与诸位兄弟姐妹分享一段近乎百年的生命经验。在我未满6岁时发生的一起事件，带我走上了质疑的道路。当时我人在海岸边，被一波又一波迎面袭来的海浪以及泛着虹彩的泡沫深深吸引住。我亲眼看着我心爱的爸爸的脸庞被美丽的泡沫给吞噬掉。爸爸怎么能够那样永久消失在滚滚浪涛中？他到哪儿去了？我生平第一次听到"永生"这个词。在我的小脑袋瓜里，我自问爸爸怎么能够从浪花变成了永生。不论是父亲的死或是别人给我的解释，一切都显得不合情理。

我想，这个影响我一辈子的经历与我们这个时代的根本问题并无二致。活在这个时代的人同样受到"无意义"的纠缠和折磨。他们多半是绝望的觅寻者，在他们眼里，生命有如一连串混乱发生的瞬间和事件。然而，这些事件——不论是我们个人的故事或是人类的历史——之所以有价值，是因为带有某种意义。事实上，一个事件或发生在我们身上的事，其本身并不具任何意义。然而，我们要能够分辨和判断出每个事件包含了哪些悲剧成分，又带有哪些恩典与收获。我们要能够用"相对"的观点去看事情，没有什么是绝对、正确的。所谓的"意义",就是从表面上看似悲剧、美妙或平凡无奇的事物"之中"和"之外",体验到另藏的玄机。历史上发生的事件不过是一些封闭的矿石,意义则是把这些外表粗糙的矿石敲开,揭露出深藏在里面的奥秘。

今天,绝大多数人们所需要的,是赋予生命意义。我遇到许多人,生活在极度的不安全感甚至焦虑之中:"活着,为了什么?"我完全能够理解他们的心情!我将在书中娓娓道出自己也经历过许多没有答案的夜晚及走到死巷的那种焦虑。

然而焦虑并非问题所在。对意义感到焦虑不仅有必要,而且对人有益。我们世世代代一直受到意义焦虑的纠缠和折磨。其实,问题的真正所在是"空空如也",是现代人缺乏任何回应这个焦虑的方法。因此,我非常气愤那些享有高知名度,竟然利用这个"空白"做出与常理背道而驰的事的人。充其量,他们只是错误地提供人们一些陈腔滥调和平庸思想、激情和悲情。不论在媒体界、政治界,甚至有时也包括宗教界,我们都活在一个煽情、耸动当道的时代,不断地被外在事件牵着鼻子走。

即便如此,我却宁愿活在这样一个"空白"的状态,而不是我年轻时候的那种虚伪的平静!我活过20世纪初的年代:那时的社会看似坚实稳固,一切显得安详平静。人们实实在在过日子,不自寻苦恼,生活在所谓的"良善"的墨守成规中,每个人按着自己所处的位置和情况,将就、凑合地过日子。大体而言,人们当时是活在枷锁之中。威权是神圣不可侵犯的,而且不能受到任何质疑。极少数胆敢攻击威权的人立刻被指控为邪恶、撒旦的化身。任何关于改变现状的小小愿望也都在无声无息中被压抑、遏阻掉。当时的气氛虽然平静，但虚伪得不得了。一些神圣的价值——而且是以"神圣价值"的名义，被努力地捍卫着——看似永恒不朽，其实不过像泥塑像一样，是脆弱、不耐久存的。它们与其说是人们发自内心的深厚信念，倒不如说是传统、习俗的一部分。这种社会的运作模式并非是全然错误的，它带给人民一种稳定感，但也不是正确的。事实上，应该说它是"毫不相干"的：它不仅忽略了人以及人的真实本性，同时也与人的觅寻无关。人的伟大和悲哀在于，他总是在寻找，不会因为现状和一些现成的信念而心满意足。

然而表层的亮光漆终究有破损、龟裂的一天。受到崇敬、遵守但犹如泡沫幻影的美好秩序立刻崩溃倒塌。很快地，拥有更多自由的愿望终将得胜。然而人们似乎马上从一个极端走入了另一个极端：所有一切都遭到蔑视，没有任何东西能够持久。我们离开了标示过于清楚的路径，却来到流沙般的世界。我们再一次窒息得喘不过气来，但原因正好相反：没有任何可以让你抓牢的东西！以前，我们知道人为什么活，为什么死，虽然是用一种天真简单的方式，没有讨论也没有思考。从今以后，一切都是相对的，凡事都受到攻击、鄙视。以往的稳固安定——尽管只是表面上的——不复存在，代之而起的是全盘的动荡不安与意义空白。从好处来看，是我们终于觉醒，开始有了质疑，开始对那永远无法获得或强加于己的意义心存焦虑；但从坏处来看，则是现代人一直陷于这种忧心焦虑的状态，至今仍然找不到出路。

个中缘由，除了大家都看得到的体制与人的问题外，我认为还有三点原因：首先，我们今天并非走在一条真正的"思想"道路上，而是纯粹迷恋"理智"，甚至到了无法让自己从那些已经无法开启新视野的空谈推论中释放出来的地步。所有的价值都落入无休止的讨论之中，所有的价值都不断地受到质疑和否定。俗话说"见树不见林"，当细枝末节、鸡毛蒜皮的小事或是一些单一事件受到过多关注时，就会忽略了宇宙的其他部分，也缺乏一个全面性的观点，能够看到每样东西在统一的整体中所占的位置。于是，我们不断地从一个问题被抛到另一个问题上。

其次，这种讲求用理性和知识去思考的理智，和行动之间失去了关联，因为行动经常受到当下的感受、冲动的主导。结果是，同样缺乏一个和谐的整体感：人可以在一瞬间从极乐转为悲剧。人因为受情感支配而阻碍了人心的全面绽放，人心总是处在一连串短暂的、过渡的、矛盾的感觉中。于是，我们不断地从一个冲动被抛到另一个冲动里。

最后一个原因是，消遣至上。消遣像是一个令人眩晕的漩涡，不断提供一连串必须去执行的快感或是义务，让人逃避空虚。我们淹没在派对、消费、工作、行动主义之中，眼睛紧盯车把、脚猛力踩着踏板，必须让车轮一圈接着一圈地转，以免跌倒。结果是，我们的眼睛从未凝视或对准过一个定位、一个地平线或一个方向。

一条喜乐、和平的道路

那么，我一个95岁的老修女[1]，又有什么建议要提供给各位呢？哦，我要说的，可不是我自己独立发明出来的！我想在这本书中与大家分享的，是一位我有幸很早就遇到的天才思想家。打从青少年时代起，帕斯卡（Blaise Pascal, 1623—1662）就是我的思想导师，也是我的生命导师。他的《沉思录》（*Pensées*）之所以成为我的床头书，那是因为每次读它，都找到了帮助我了解现在的钥匙。帕斯卡的《沉思录》犹如一把解剖刀，敏锐精准、切中要害，揭露了我们生命里最具人性的奥秘，这个过去一直埋藏在死亡的表层底下的奥秘。我们所有人都受到千丝万缕的记忆、过往的幸与不幸的羁绊与束缚，它们至今是我们背上的重荷，是阻碍我们前进的障碍。而解剖刀的特点就是：将整个切开来，发现隐藏在里头的一切。

帕斯卡所言充满真理，既具体、卓越，又深刻。我们和帕斯卡可以互相了解，他和我们是如此亲近！他不仅仅属于他那个时代，也属于所有的时代，因为他不停留在事物的表象，而是深入根源。这个不快乐、备受折磨的人竟然找到了奇妙的生命泉源。他从现实、真实的人出发，就这点来说，他还可以说是非常现代的。他勇于

---

[1] 出生于1908年的以马内利修女，目前已满99岁。

面对人，面对他伟大和悲怜的一面，面对他"空洞而又充满污秽的心"。最后，帕斯卡之所以现代，还因为他不接受任何权威言论、任何不尊重他思想自由的论证。在他眼里，自由的思想是人不可剥夺的价值的基础。

亲爱的读者，请别害怕，我写的并不是一本哲学书。首先，我根本没有这个能力。其次，就算大家都说"哲学现在很时髦"，但哲学家和老百姓一样，都没有找到问题的答案。我最近刚读了《新观察家》(*Nouvel Observateur*)周刊上标题非常诱惑人的系列文章："如何面对今天的世界？从柏拉图到尼采，伟大哲学家们的答案。"（2019期，2003年7月号）就我个人而言，我认为每一篇文章都是一部小小的杰作，用了许多宏大的字眼以及漂亮的句子，但其实是没话找话说。没有任何一篇文章提供了作者自己所提出问题的解答。空洞，空洞，完全的空洞。然而在帕斯卡那儿，我们看到了为什么只靠理智是不管用的原因。事实上，"嘲弄哲学，即是真正谈论哲学"。

确实有一条提供解答的道路，因为思想远比哲学宽广许多。真正的思想不是一种无休止的议论，不是像唐吉诃德追着风车跑一样、老是在自我的小圈圈里打转的理智。帕斯卡身上随时带着他称之为《备忘录》[1]的纸张——缝在他的紧身短上衣里头。他在上面写了他于1654年11月一个夜晚经历到的"火"的经验，他从

---

[1] Memorial。当属帕斯卡最私密的宗教书写，他在一张张小纸片上，以20多行的短短字句，热情洋溢地表达他在1654年一个夜晚的神秘经历中所体验的对神、对信心的特殊感受，这些纸片在他死后被发现缝在他外套的衬里中。

中发现神是"亚伯拉罕的神,是以撒的神,是约伯的神",但不是"哲学家和学者"的神。这一段文字的核心是一句惊叹语:"喜乐、喜乐、喜乐、喜乐的泪水!"我认为帕斯卡这个关于意义的奇特体验并不是因为他有信仰,这样的经验并不只是局限在有宗教信仰的人身上。假设我们可以一起从这个无与伦比的喜乐泉源出发呢?

这本书的主要宗旨在于,为所有寻求自由解放的兄弟姐妹,指示一条和平、喜乐的道路,这条道路就是帕斯卡的思想。他的思想主要是针对三大"范畴"加以区分并进行连接:物质、精神、爱;这三个范畴代表了三种生命存在的模式,人在面对世界、神和自己时如何定位的三种方式。当本书进行到末尾时,我希望我呈现了生命的意义并不在于物质或精神的范畴里(尽管这两个范畴都很重要,也是必要的),而是在于心灵的范畴。

要走这条路,我们得像帕斯卡一样,从匮乏、从人本体上的软弱、从他的焦虑出发。然而,我们不是要沉溺和享受人的匮乏、软弱和焦虑。与那些深陷其中、不可自拔的哲学家不同的是,帕斯卡是去面对问题来回答问题。基本而言,我之所以写这本书,是想把帕斯卡思想带给我的解放和大家分享,提供给众人一条有意义的道路。

如果不是有菲利普·阿索教士(Philippe Asso)给我的鼓舞以及不可或缺的协助,我永远也没胆量来写这本书。同时,我也受到许多其他作者的启发,在此仅列出几位。首先,我是在读了艾洛伊·莱格尔格(Eloi Leclerc)的《与无限相遇,阅读帕斯卡》(*Rencontre d'immensité, une lecture de Pascal*）之后才决定着手写这本书。其次，梅纳（Jean Mesnard）的《帕斯卡思想》（Sedes, 1993）以及米歇尔·雷格恩（Michel Le Guern）为他主编的《沉思录》（Gallimard, 1977）所写的序，尤其让我获益匪浅。阿索教士和我在此要由衷致谢雷格恩先生：谢谢他为我们对帕斯卡思想的诠释作了校正。

这本书里所有关于帕斯卡《沉思录》的引言，都来自莱恩·布伦茨威格（Léon Brunschvicg）的版本[1]，当然，这个版本肯定不是最好也不是最新的，但却陪伴了我一生。

---

[1] GF-Flammarion 出版社，巴黎，1976 年。所有引言的出处注明在每章后面。

第一章　思想与物质

1923年的一个秋夜,我即将与帕斯卡发生关联。当时,我快满15岁。我并不知道那一年恰巧是这位思想家诞生300周年纪念。我也没料到,他会在我的人格发展上扮演关键角色。我会是今天这副模样,一个偶尔举止有些怪异的人,部分原因得归功于他。要阐述生命中这个重要经验,自然得提到帕斯卡思想的第一个范畴,也就是物质的范畴,以及人心中高涨的觊觎之情。

我是一根能思维的芦苇!

那个时候的我,正值年少轻狂的发育期,四肢不断抽长,脸上长满了痘痘,一头乱发,噘着嘴巴,一副已经看透一切的样子。我对一切不满,凡事都成为我批评的对象。我已经开始体验到在我一生中透过各种不同方式不断折磨我的感觉:感到自己老是气愤挥拳,老是在撞墙,老是在各项事物上被迫面对自己的无能为力。

我和家人住在布鲁塞尔的一栋楼房里。一楼是母亲的办公室,她在父亲过世后接管内衣工厂。二楼饭厅隔壁的房间则是我和弟弟做功课的地方。一天，我认为弟弟对我干扰太大，决定将书桌搬到三楼空间宽大的浴室窗户旁边，也因此躲过家庭老师露西小姐的控制。我无法忍受任何形式的监督。生性懒惰的我（至今依然如此），经常偷看一些不入流的爱情小说。

我还有另外两大消遣：一面大镜子让我可以尽情畅快地欣赏自己，我总是对自己长得不够美丽深感懊恼。隔着窗户，我还看到一位男孩的身影，他和我一样，也是埋头在教科书堆里。很不幸，他离我太远，我没法跟他打招呼。但他仍让我开启了一箩筐的奇思幻想：他英俊吗？脸长什么样子？他几岁？叫什么？还有，他有过哪些奇特经历？我的想象力不断地、尽情地奔驰着。

我发出哀怨的叹息，打开塞得鼓胀的书包，先抽出一本，哦，是法文翻译成希腊文的练习！简直无聊之极，晚一点再来弄吧。另外一本，是将《伊利亚特》(*Iliad*，也译《木马屠城记》)从希腊文翻译成法文的作业——有趣多了。事实上，我运气很好，治理学校的"马利亚姐妹会"为女学生们开了古希腊罗马文化的课程。这在比利时堪称创举，因为那个时候，只有男生可以学习这门学科——尽管如此，上大学仍旧是男孩子拥有的特权。因此，我有许多年的时间接触了像维吉尔(Virgil，公元前70年至前19年，古罗马伟大诗人，曾写作田园诗与巨著《伊利亚特》，但丁在《神曲》中以他为人类智慧的代表)、荷马和柏拉图这样的天才，他们对于善与美的教导（也就是希腊文 kalos kagathos，美的与好的人，亦即完美之人），是我每天的精神食粮。我喜欢遵照福列松老师要求的,用优雅、严谨的法文来翻译尤利西斯的冒险故事。我感觉这个练习促进了我智力和精神的发展。我有时会很有成就感,发现自己能将每个字词忠实地翻译出来,不因个人诠释而改变、扭曲原意。当翻译作业一完成,我从书包抽出第三本书。这会儿又是什么呢?有一页文学作品要读。希望不会太枯燥!

我打开中古世纪到现代文学选集的厚书,深呼吸一口气后,开始读起来:

人不过是一根芦苇,是自然界最柔弱的东西。[1]

嘿,终于有个人讲些还算有意思的话!还有什么东西比芦苇更柔弱呢?一丝微风都能让它弯腰折枝。人是一根芦苇,我是一根芦苇。我不敢大声承认,可怜的玛德莲[1],我其实是多么脆弱啊!我有时会大发脾气,丝毫不能掌控情绪,也无法敦促自己做事持久不懈,一点鸡毛蒜皮的事都可以让我气馁,比方说一个我无法立即抓住字义的拉丁文或希腊文,一页稍微困难一点儿的物理,一篇题目说教意味浓厚的作文等,简而言之,都是一些我不喜欢的东西。和所有同时代的人,特别是工作、烦恼还没有多到让焦虑变得麻痹的青少年一样,我也被难以解决的问题所困扰、纠缠。人活着是为了什么?一点意义也没有。读书为了什么?总之以后得工作。人到世间走一遭是为了什么?我们不知道我们将往何处

---

[1] 以马内利修女原名玛丽-玛德莲·桑刚(Marie-Madeleine Cinquin)。

去，也不知道为什么要活着。这是一条堵塞的死路，不仅乏味得不得了，甚至蠢极了。

我看着窗外，对面屋顶上，一只大黑猫正慵懒地伸了个懒腰，将头埋在手脚当中，白色的胡须在风中微微颤抖着。它正恣意地享受黄昏时分依旧暖和的阳光。当猫咪多好！尽情享受当下，满足感官。没有烦恼，只要有的吃、有的喝、有的睡就好。至于猫妈妈，只要能够感觉到小猫咪靠拢在它身边吸着奶，就心满意足，根本不用管什么上学念书！

我从胡思乱想中回过神来，回到帕斯卡的文章上：

> 人不过是一根芦苇，是自然界最柔弱的东西。但他是一根能思维的芦苇。

我大大地震惊。人是柔弱的，没错，可是他却能够思维。霎时，我眼前涌出一道光：那只猫，不会思维！我内心蠢蠢欲动。我不是动物，而是人。是的，我像猫一样会呼吸，但我是能思维的人。我开始有了这样一个意识：我能够思维。

我用一般少女特有的反应方式，让这个发现变得惊天动地，仿佛这是个怪异的新发明：我的生命赋有这个奇妙的能力，也就是"思维"。我重复着这个词，思维！它让我整个身体和灵魂都灼热起来。顿时之间，我感到自己的价值比猫咪要高千万倍。动物终归是动物，人呢，则会思考！我天真地雀跃欢呼：我不是猫咪，我因思维而存在！

这一次，我充满渴望地重新拿起书本继续阅读下去：

> 用不着整个宇宙都拿起武器来才能毁灭他：一口气、一滴水就足以置他于死地。然而，纵使宇宙毁灭了他，人却比置他于死地的宇宙高贵得多，因为他知道自己终将死亡，也知道宇宙比自己更具有优势，然而宇宙对此却是一无所知。[2]

什么？与浩瀚的宇宙相比，我这根可怜微小的芦苇，尽管软弱、狭隘，仍旧拥有无可限量的价值与高贵。我像喝了酒一样愈来愈陶醉。我以前认为愚蠢极了的生命如今有了意义：突然之间，我逃过了黑洞，逃过了我徒劳对抗的困境。是的，我要活着。活着，来发展我那会思维而且超越宇宙界限的生命。我顿时感受到，我的生命不仅没有因为我的软弱与无能而一无是处，相反的，它的价值和高贵就在我的生命本身，以及它让人获得解放的能力之中。我因自己此刻站在让人意想不到、能够开启新视野的大门门槛前而神魂荡漾。诚如我将在稍后加以说明的，我预感到人虽然软弱，却能够成为这个轻易就能把人毁于一旦的宇宙的主宰。啊，我逃脱了！

我继续读完这段文字：

> 因而，我们全部的尊严就在于思想……因此，我们要努

力好好地思想：这就是道德的原则。[3]

帕斯卡要引导我们到哪儿去呢？他从芦苇说起，最后谈到了道德！这是一个多么冷漠、多么令人扫兴的词啊！就像是在我激昂的热情上头浇了沁凉的冰水一样。我已经提过，我不能忍受任何义务和约束。我早在"六八运动"[1]开始之前就服膺了他们著名的口号："禁止去禁止！"道德象征了钳制你的枷锁，阻止你朝想去的方向跑，阻止你抓住眼前的欢乐，一言以蔽之，阻止你有任何的享乐。说到底，最吸引人的反而是被禁止的东西。每当禁止我做某件事时，我反而感到一股难以遏止的欲望，更想尽快去做。"禁止"就像盐巴、辣椒一样，让食物变得有味道，让舌头有刺激感，让人感到兴奋。相反的，举凡任何美德之事，都让人心生厌烦。人只活一次，应该尽情享受所有果实的滋味。"有教养"好女孩的理想典范让我感到憎恶。"这不是有教养的女孩会做的"之类的话会让我立刻起反感。对此，我总是回以"我嘛，就偏要做"这种放肆鲁莽的话，还会傲慢地加上一句："而且，以后就会有人跟着这么做。"我这种态度是打哪儿来的？毫无疑问，我想自己做判断善恶的唯一法官，不受任何约束的羁绊。人们通常会把嚼子套在动物的嘴巴上来控制它。我是一头野兽，还是一个自由的女人？

---

[1] 1968年3月法国大学生掀起一场大规模的思想文化抗争运动，除教育改革外，层面扩及社会、经济、文化等诸多方面，5月时与警察发生严重暴力冲突。以"反权威主义"为重要精神指标之一的"六八运动"，其思潮在法国境内持续至少10年之久，对整个欧洲社会及文化的影响深远。

活着，为了什么？

帕斯卡到底想说什么呢？他不是那种"严厉斥责"型的人，而是邀请我好好思考。因此，我要寻求的不是一个具约束力的规则，而是一个具建设性的思想，能够让我在"高贵"中茁壮成长。那么，难道这就是"道德"：力图赋予自我更多的人性、增长属于人性的尊严、成为一个具有"会思维的芦苇"特质的人，并且就此进入一种具开放性的道德，一种能够解放任何狭隘平庸事物的道德之中？我意识到，原来我一直局限在我的自我意识之中，只关心我自己的感受。这样的生命，说穿了，是令人厌烦而悲哀的。

青少年——我今天对青少年问题尤感关切——有时会有灵感闪现的时候，会在某个瞬间领悟到一套生命哲学。说来可能令人震惊，但在我的生活圈里，没有人了解我的不快乐、我的疑问、那条我感觉被囚禁其中的幽暗隧道、以及我那总是充满矛盾的性格。事实上，我的生活平坦顺利，和家人过着相当安逸的日子，可是，为什么我对一切如此百般刁难、总是不高兴呢？读到帕斯卡的书时，我终于隐约感觉到，自己正跑在一条宽敞的道路上，终于有个不一样的东西出现了！如果道德能够不建立在一些命定规则的基础上，而是在良善思维的原则上的话，因为思维理当是自由自在的，那么道德就只能是自由的、扩张的、充满喜乐的。因此，"真正的道德会嘲笑道德"。[4]

太阳开始隐没，屋顶上看不见猫咪的踪影了。当夜晚降临时，我由阅读帕斯卡，展开了漫长的旅程：日复一日地奋力抗拒，让自己这根柔弱的芦苇不随风摆动；借着思维的力量来发现和谐、平衡生命的泉源。关于这个平衡，拉丁格言中的"在合宜健全的身体里头的合宜健全的精神"（mens sana in corpore sano）是非常贴切的描述。小心！这条路上可是布满荆棘。不论是合宜地使用身体或是合宜地使用精神，都不是轻而易举就能达到的。

首先，邪恶思维俯拾皆是。各式各样的极权主义为我们提供了许多灰暗和极端的例子。以某个假理想的名义，人们竟然屠杀数千甚至数百万人。有人甚至把自己的死当作获得荣耀的工具。有些人以自杀作为摧毁和他持不同意见的人性命的方法，他以为自己是英雄，而在支持他的人眼里也是一号人物，是为某个神圣使命殉难的"烈士"。对他来说，他所从事的是非常伟大的行动，他对这个行动完全不抱任何怀疑。不论是在政治的领域（如希特勒），或是宗教的领域（如某些误入歧途的教徒），崇拜偶像经常是思维偏差的根源：人们把某个思想变成了神。自此，此善不仅胜过众善，同时将某恶转变为一种"超善"。人们被催眠到了丧失理智的地步。

然而，根据我刚才引述的格言，精神与身体是不可分割的。意识形态领域里的神圣化必然会影响到其与身体和物质之间的关系。在纳粹意识形态体系里，有一个纯洁的优等种族，借由血缘说和自然法则说被加以神化。对某一优等种族的神圣化，连带地把"种族净化"的行为合理化了。换言之，消灭人类社会中所谓的不纯部分，首当其冲的就是犹太人。对自命为"教徒"的恐怖分子来说，人先天就是不纯净的，然而，当他为某个神圣理由自我牺牲一切时，他将获得净化和升华，并因而上天堂。因此，他们会透过一项死前的礼拜仪式，先把自己的身体准备好。在献祭的仪式中，即将殉难的烈士会除去身上所有毛发，再洒上香水。面对这样一种思想的败坏，我们会恐惧得直打哆嗦，它的信徒却是充满仰慕地颤抖。的确，神圣会使人产生一种强大感，远远超过人不过是一根芦苇——即便是一根能思维的芦苇——的体认。

在达到这个噩梦般的极端之前，每个人不都应该留意自己的推论所可能产生的偏差吗？因为推论很容易就将某个思想变成绝对、完美的思想。我们只消偶尔听听自己的言谈就可以知道——我们所迷恋的是，我们的言论能够反映出自己的强大形象，但对相反意见中所存在的真理却视而不见，更遑论对支持这些相反意见的人。

在另一个对立面上，不管在哪一个社会，人要摆脱对身体、对肉体之美的沉溺，要摆脱金钱和权力的诱惑，同样是非常困难的！在这点上，帕斯卡依然是我的灯塔：他承认物质的确有诱人之处，但也有局限性，他进一步指出了我们和物质之间该有的适切合宜的关系。

思索物质

在帕斯卡眼里，物质乃是一切不属于"精神"的东西。我们可能会以为，生活在17世纪的帕斯卡，会将一切与智性无关的东西都视为微不足道。对我来说，最具深长意味的并不是因为帕斯

卡是数学家、物理天才,而是作为一位思想家,他一点也不蔑视物质。他写道:

> 让人去思索整个自然界的崇高与宏伟吧……让地球在他眼中,比起太阳所描绘的巨大轨道,就像是一个小点吧;让他震惊于那个巨大轨道本身,比起苍穹中运转的恒星所环绕的轨道来,也只不过是一个十分细微的小点罢了。[5]

宇宙的浩瀚与壮丽既吸引了帕斯卡,又叫他困惑不已!大自然把原始面貌展现在人的面前:天地的雄伟和广大让人感到渺小,近乎卑微。相较于数亿的星斗与星系,人不过是一个极其渺小、微不足道的点!

这还不算什么。人不只在抬头仰望天空时,看到宇宙的浩瀚无垠,同时,脚下也裂开许许多多无限微小的深渊。因此,人天生就是"无和全之间的一个中间项"[6]。当然,无限大对人来说是立即可见的,而现代物理也早让我们习惯在有如原子大小的尺寸里面看到:

> 浩瀚宇宙之中,每一个宇宙都有自己的苍穹、自己的行星、自己的地球,其比例与这个可见的世界是一样的。[7]

人就这样迷失在这两个同样令人眩晕的无限之间。犹有甚者,认为自己没有能力认清它们。

尽管我们把观念膨胀到超乎可能想象的空间之外，但比起事情的真相，我们不过产生了一些原子而已。事情的真相有如一个无穷无尽的球，处处都是球心，没有哪里是球面。[8]

人是不成比例的……因为，人在自然界中到底是什么呢？从无穷来看是虚无，从虚无来看是全体，是无和全之间的一个中间项……他既看不到他从中而出的那个虚无，也看不到他深陷其中的那个无限……人处在不明白事物的原则也不明白事物的归宿的永恒绝望之中。[9]

因此，早在爱因斯坦及粒子加速器之前的300年，帕斯卡就预感到两种无限的存在，从他将这两种无限放在人的范围来谈，尤其可以看出他的惊人才智。物质存在于人的内部。听清楚：即便是关于"物质范畴"的问题，我们所谈的仍旧是一个思维的活动，一个尝试了解世界的思维活动。物质不能思维，但人却具有思索物质的能力。是人思索并想象世界，是人同时意识到两种无限的存在以及自己夹处其中；他也清楚自己仍然不了解物质，不知道如何掌握、操控物质。最后，这个希望自己能够无比伟大但面对的是自己超级卑微的现实的撕裂感，也是发生在人的内心。事实上，人不仅能做非常伟大的事情，拥有许多崇高的感觉，而且也会展现卑微，甚至在堕落中享乐。这是多么令人惊讶的事啊！

就算没有到上述那个地步，人天生也会同时拥有对无限空间的视野与自我局限的认知。我收到的许许多多来信就是最佳明证。那些因现实和希望之间的巨大鸿沟而发出的呼喊，每每令我动容。帕斯卡举了一位忙于狩猎的贵族为例，邀请读者去接受人性的真实状况：

> 此人生来是为了认识全宇宙，为了判断一切事物，为了统治整个国家。然而，他却将全部精力用在追捕一只野兔上！然而，如果他不让自己堕落到这种地步，而是希望永远保持紧绷，那么他无疑是愚蠢不堪，因为他想使自己超乎众人之上，然而，他终究只是个人而已，换言之，他既不能做什么又能做得很多，既万能又无能为力：他既非天使也非禽兽，他只是人而已。[10]

帕斯卡立场上所展现的令人惊讶的平衡，预示了我们必须防范两个潜藏的诱惑。首先，想要借由否认人有兽性、身体和物质来摆脱我们的根本矛盾，其实是一个错误的、令人失望的办法。对于这点，我有所体会。在年轻的修女时代，我大部分时间是花在步步为营地对抗当时认为充满罪恶的"肉体的习性"。我强迫自己吃得少，睡得少，给自己定下许多纪律。结果是，我愈来愈烦躁不安，神经愈来愈紧绷，很容易就失去耐性，给学生脸色看。直到有一天，一位明智的神甫在听我告解时让我清楚了解到，冲动并不是罪恶，而是人性的一部分，它并无好坏之分。因此，人重点不在对抗冲动，而是透过健康足量的饮食、均衡的睡眠、适量的运动对身体进行调理，达到有效管理冲动。我感觉神甫在听我告解的窗棂另一头，面带微笑地说："我的姐妹，有点儿幽默感，要懂得嘲笑自己！别一下子把事情看得过于严肃，要像一个把一切都交托给父亲的小孩一样，单纯地祷告。"我获得了释放，并且遵循他的建议行事，至今依然如此。

如果说宗教界尤其容易受到"天使主义"的引诱——原因就不必说了——那么这个引诱其实是非常世俗的。我遇过许多妇女，诚惶诚恐地努力想达到完美母性的理想，以至于忘了她们自己，甚至最后对子女造成负担，但她们对此却浑然不知。我把神甫给我的建议稍作修改后，告诉她们："当你们过度照顾他人或子女时，你们忽略了自己的健康、自己的身体、夫妻生活。把小孩暂时交给别人，好好度个周末，听听喜欢的音乐，这时，不管是对自己或他人来说，你们只会变得更愉悦可人。"

今天，一如既往地，年轻人尤其容易受"天使主义"的诱惑，有些人因为过度渴求达到完美理想的状态，无法忍受那些限定他们生命的种种条件，并且力图逃避。他们急欲抛开一切，不论是家庭或学业，去从事人道慈善工作或是环保运动。他们已经准备好要加入行动，这很好；但他们也想要改变世界，这却是不可能的。他们想象有一个纯洁、正义的理想世界，妄想单凭自己的力量就能达到这个完美境界，这两者都代表了对人生命的真实方面的否认，会让他们很快陷于苦涩和气馁。他们被危险地提升到了在人之上的位置，以至于习惯对所有人作出严厉的判断，坚信人应该要像他们理想中的那样纯洁。这其实是非常危险的倾向，是孕育狂热主义的摇篮！诚如帕斯卡所指出：

> 人既不是天使，也不是禽兽，但不幸的是，想成为天使的人往往变成了禽兽。[11]

我们与动物不同并不表示就应该否定人身上具有的兽性，我们仍然是动物。更何况，具有动物性是何等美妙的一件事！我们身上的每一个部位不正是被上帝造来让心灵得以喜乐舒畅的吗？因此，我们可以享受一块糖的滋味，闻到一朵花的清香，倾听和谐悦耳之音，触摸和善或友情的手，以及在美丽的事物面前凝视冥想。

我很清楚记得一件事。在初修院——女孩子进初修院是为了成为"神圣的修女"——初学修女们的老师在食堂时格外谨慎，总是精心调配食物。一天，我因为吃得不多，挨了一顿意料之外的斥责："以马内利修女，我们该拿您如何是好？您可别失去了最珍贵的特质之一，那就是您的好胃口啊！"我们的培训老师凭着丰富的经验知道，嘴巴挑剔、对每天食物配量毫不在乎的人，不仅体力上难以胜任日常工作的负荷，尤其容易有精神忧郁的倾向，无法欢欣喜悦地完成每日的工作。因此，我认为能够接受大自然给予我们身体的样子，承认身体快感所具有的价值是有益的。

尽管如此，我们毕竟不只是动物！要符合人性地享受物质，我们必须尊重人能思维和具有精神性的本性。在一场筵席中，肉体层面与关系层面、享受美食的快感及与众人共聚一堂的喜乐，全都混合交融在一起。有什么比得上在友爱的气氛中一起分享精心调配的食物来得更美味呢？有什么比得上双方彼此相爱，肉体、心灵、精神各安其所的伴侣关系更令人鼓舞的呢？更何况，这样的伴侣关系会让子女获得充分发展。

在《圣经》福音书里，用餐占有重要位置，耶稣非常重视友人们的饮食，甚至他本人也被当时的"天使主义"者指责为"贪食好酒的人"（《路加福音》7章34节），对这点，我们该说什么？我们还必须指出，耶稣基督是在和友人共进晚餐中，说出他生命的意义以及他的身份：他就像和大家分享面包与酒一样地把自己给了众人："这是我的身体，为你们舍的。这是我的血，为你们流出来的。"人，不也是同时与身体、灵魂交融为伍吗？

三个欲念

因此，对那些奉劝众人要享受物质快感的人，我们只能表示赞同。然而，有一个"但是"。诚如我的好妈妈常说的："好东西是给好人用的，而且得适量！"她的看法和帕斯卡多相近啊！一旦这个小小的规则遭到违反，一旦过了量，一旦物质享受与其他一切分离开来、成了唯一的追求时，首当其冲的就是身体的病痛，除此之外，心理和精神上的偏差也紧跟而来。

首先，让我们仔细看看人对权力的迷恋，对统治权力的饥渴在各个时代、各个地方都造成巨大灾害。要当上某个政治、宗教、工业团体或帮派、家庭所一致公认和服从的领袖，得经过何等激烈骇人的争斗！为了消灭对手或碍事者，可以不择手段。我们仿佛又回到原始世界："该隐起来打他兄弟亚伯，把他杀了。"（《创世记》4 章 8 节）脑子里升起的热火，不正是从杀害、铲除他人的原始本能中产生的？这个本能的冲动根植于肉体之内，甚至大到让精神窒碍的地步。

因为渴望支配他人，我们实际上是位于《约翰一书》中所提到的三个"欲念"（《约翰一书》2 章 16 节）的巅峰。针对这点，帕斯卡曾经引述并作了如下的评论：

> 世界上的所有一切，都是肉体的欲念，或眼睛的欲念，或今生的骄傲（libido sentienti, libido sciendi, libido dominandi, 感觉的欲念、知识的欲念、统治的欲念）。不幸的是，这三条火流燃烧，而不是灌溉这个受诅咒的大地。[12]

有哪一个人不曾感觉自己受到这三种形式欲念的诱惑和驱使？当物质范畴和精神范畴以及心灵范畴分隔开来时，会产生高度的奴役状态，没有任何人再是自己的主宰。尤其，对权势的渴望会让人变得肆意妄为，丧失人性价值。

帕斯卡曾以略带幽默的口吻来描述他那个年代掌权者虚幻的幸福。

> 因而人们要不断地努力使国王开心，并为国王求得各式各样的欢乐——这件事终于成为关乎国王生活福祉最重大的课题了。
>
> 国王是被一群人包围着，这群人只想着让国王消遣并防止国王想到自己。因为，尽管他是国王，假如他意识到自己，也会变得不快乐的。
>
> 这就是人们为了使自己幸福所能发明的一切了。[13]

以上是关于支配、统治的冲动。

接下来让我们看看知识的欲念。下一章会更详细描述对知识的欲念如何让我迷失。在此，我们只需要体认到，人利用物质来达到个人目的的野心何其大，以及科学、技术的卓越可以是非常暧昧不清的。当然，科技推动人类文明不断地发展演进，然而，我们要问的是，科技进步果真是为了谋求全人类的福祉？首先，面对科学和医学的进步成果在地球上的分配不均，我们有正当理由怀疑，科技进步难道不是成了少数享有特权的人用来统治广大民众的工具？其次，我们如何能够不去质疑某些所谓的"进步"？尽管是以医疗效用为出发点，克隆复制生命的技术，难道不意味着把人体和动物的身体贬抑为"事物"、降为可使用的物质的一种尝试？在20世纪，科学代表了掌控物质、让人从苦难中获得解放的灵丹妙药。异想天开！今天，物质还是逃脱了科学的掌握，但是科学所缔造的一些成就，反倒让大气层、食物、地球、人类陷入危险。

接着，我们要谈的是感觉的欲念。今天，我们最熟悉的莫过于这个欲念。愈来愈无度的消费主义不断地刺激、引诱现代人赚取更多的金钱，我甚至敢说，是不计代价地赚钱。某些政府、机构、企业的贪污程度达到了最高点，有时甚至不受任何制裁。前乌干达独裁者阿敏（Idi Amin Dada）最后是安安稳稳地过世，从来没有被起诉。据估计，他至少让10万人丧了命，动机常常只是为了霸占财产……另一个众所皆知的，就是毒品买卖，它让许许多多各式各样的罪犯发财致富。"修女啊，您为什么要我去工作呢？"一位毒贩这样回答我，"我一天赚的钱比别人工作一整年赚得还多！"

小心，不要轻易论断别人！如果我们能够看穿绚丽的表象，往更深层的地方探究，就会发现，许多人其实是不快乐，是充满焦虑的！我们应该多试着去感受肉体，甚至是我们自己的肉体，在不断追求欢乐的追逐竞赛中所发出的痛苦叫喊声。在这方面，修会的妮娜修女为我带来一道亮光。我刚到伊斯坦布尔时就认识她，当时她还是个年轻的修女。每当她听闻某某人的悲惨故事时，我总会听到她大喊："我们到底是什么样的人啊！"她是用如此愧疚的声调说着"我们"，我看到她仿佛是亲身经历那个悲惨境况，她感到自己也怀有发自内心深处的相同的软弱。她出身乔治亚共和国一个偏僻、贫穷的小村庄，从未读过帕斯卡，然而，她和帕斯卡一样，将她对所有人的认知都套用在自己的身上：

人心是多么空洞而又充满了污秽啊！【14】

这是个多么骇人的对比：人心既是空洞、挖空的，又充满应该被丢到垃圾桶的废物渣滓，我们甚至要用"污秽"这两个字来象征短暂快感的虚无，它们的召唤，以及它们不断地逃逸，让人陷入不能满足的重复之中。这些短暂的快感有如具有严重杀伤力的飓风，一阵猛烈的吹袭、狂扫过后，留下虚空怅然的我们。这是所有念头当中最让我费尽心思的，我有时感到它就在我内心和四周猛烈地跳动。许许多多不同的说法最后都归到同一个论点，例如，某个圣人曾经透露有一天看到自己的心，赤裸裸的，因此惊骇不已。又如法国思想家梅斯特尔（Joseph de Maistre，1753—1821）大胆写道："我不认识罪犯的心，但我认识诚实人的心，而我所见的让我感到恐怖！"

对死亡的拒绝与崇拜

最后，让我们跨越那最后的一步。人的物质存在，他的动物性、他的形体，都意味着他终将死亡。

> 最后一幕总是流血的，无论全剧及其他部分是多么美好：我们总是要把灰土撒到头上，永远保持这个模样了。[15]

我们面对死亡的讨论，不只取决于我们的动物本性，一种大自然的宿命，也取决于人特有的意识。法国文豪安德烈·马尔罗（André Malraux，1901—1976）写道："人是唯一知道自己会死亡的动物。"然而，人面对死亡时，经常出现两个截然不同的反应：拒绝死亡，或是崇拜死亡。

第一种态度是一种掩饰：不是用黑色的马匹拉着黑色的灵柩车，而是用浅色有篷的小货车载运尸体；没有憔悴扭曲的面容，而是画着浓厚的妆；葬礼上也不再出现悲伤凄凉的歌曲。在这个想象力至上的世界，我们甚至完全否认人生命的某些方面。广告运作的资本不停地对我们反复讲述："哈利路亚，让所有人都貌美、年轻、健康！"恐怖亮丽的"天使主义"大行其道，否认人的状况，否认时间、疾病和死亡。

在另外一个极端，逐渐发展出的是对死亡的癖好。人们喜欢穿着深暗的衣服，房间用骷髅头和令人毛骨悚然的图像来装饰——就像一位年轻朋友曾经借我使用的房间一样。我睡在黑色的床单上，盖着一条宛如丧葬用的被单，整个房间是用"漆黑"的灯饰来"照明"（这只是一种描述的方式）。隔天，他只跟我说，他用这种方式每天预备自己的死亡，他还以为我会喜欢呢。我回答他："我并没有因此睡不着觉，你知道吗，我还是比较喜欢白色！"我们两人开怀大笑了起来。老实说，他至少还不会像某些人一样，去挖死人的尸体或举行黑色假弥撒。

我们应该严肃看待这些病态的冲动：某些人对死亡陷入迷恋，因此走上自杀之途。对那些热切享受生命的人来说，生命美妙无比；但对受罪吃苦的人来说，生命让人沮丧绝望。对所有人而言，生命都是混乱的，是个不停转动的轮子，某天把我们推到了高峰，隔天又会公平地让我们坠入卑陋龌龊之中。不论是国王或乞丐，结局都一样：一具埋入地底下的尸体。

既然最终的结局是这样，活着，到底是为了什么？我们是不是在扮演一出喜剧？当我还是青少年时，一天晚上，我对一切感到厌恶至极，冲动地把三楼的卧房窗户打开来……这时的我还可以俯身探望街头的景象，只需要纵身一跳……戏就不用再演下去了！那天，到底是什么制止了我？因为人是一根能思维的芦苇？因为人虽卑微但却因思维而伟大？或者是害怕摔死在人行道上？甚至更惨的，为了以后必须断肢截臂地活着而战栗？我关上窗户，从此不再出现相同的行径。

从那以后，我非常能体会那些活在阴沉灰暗的天空下，活在充满敌意的土地上，一心只想往墓坑里跳的人的心情。那么，这个存在脑子里、存在感觉中、存在五脏六腑内，并且让我们浑身作呕的厌恶和不快乐，究竟从何而来？我听到的，都是绝望的话语，一些不断回荡、让人难过的呼喊——特别是我自己也经历过同样的状况！最糟糕的是，我们认为自己被囚禁在死牢里，没有任何出路，

第一章　思想与物质

也不知道原因。放眼所见，净是贪污、不公正及死亡的味道。爱，不过是一个意义被掏空的谎言。憎恨充满了整个世界，甚至进入我自己的内心！有些人感觉受到诅咒，被人诅咒，被上帝诅咒（如果有上帝的话）：承受跟雅各一样的巨大折磨。换言之，不是和上帝的天使并肩作战，而是和死亡的天使并肩作战。

  为什么我们会落到这般境地，只被人性的黑暗面给缠绕住？我们究竟欠缺了什么，以至于一切都变得无法忍受和不合常理，变得如此愚蠢和空洞？再怎么说，我们总是需要活下去的理由吧，因为我们自己本身就怀有生命的动力，而非外在世界供给了生命动力。然而，如果这些生命动力找不到表达的途径，就会从内部吞噬掉我们。虚无，正是因为缺乏土壤，一块可以让我们滋养并灌溉对生命、对活着以及对做自己的渴望的土壤。当生命的动力流于空转时，人会寻求暂时的解决之道，抓住一些无关紧要的事物，比方外表、社会地位等，尝试只为活着而活着，退回到物质范畴的层面。然而有些人很快就领悟到（有些人要晚些才体验到，甚至永远不会），生命不能只抓住一些鸡毛蒜皮的事，这些代替品不过是稍纵即逝的虚荣罢了。

  如果从虚无中逃脱的出路不存在于物质的范畴里，不存在于对我们无度欲望的满足上，是否该往精神的范畴去寻找呢？这个从思想而来的崇高事物，是否就是我们得以摆脱那从四面八方而来，紧紧束缚着我们的无意义的出口呢？

活着，为了什么？

注释

【1】《沉思录》149 页。

【2】《沉思录》149～150 页。

【3】《沉思录》150 页。

【4】《沉思录》51 页。

【5】《沉思录》65 页。

【6】《沉思录》66 页。

【7】《沉思录》66 页。

【8】《沉思录》65 页。

【9】《沉思录》66 页。

【10】《沉思录》91 页。

【11】《沉思录》151 页。

【12】《沉思录》179 页。

【13】《沉思录》87 页。

【14】《沉思录》92 页。

【15】《沉思录》110 页。

第二章　吊诡的理智

过去，我一直对精神性事物非常迷恋。一方面，帕斯卡让我发现了人能思维的伟大，因此，我在豆蔻年华的年纪时，再次感觉到自己充满活力，重新有了尊严。我顿悟到，宇宙尽管浩瀚无边，却比不上思维的重要。缺乏了精神上的震荡，宇宙不仅没有意识，也没有形状，它静止不动。星象的移转，不论是规模或数量都让人瞠目结舌，但它实际上是被动地运转，而不是经过任何思想的决定：它移动，但仅仅移动而已。反倒是人让宇宙活泼了起来。因此，我的责任是踏上一条思维的道路，一条仔细思考人生的道路。

另一方面，思维也让人像帕斯卡一样，承认物质秩序所具有的价值。不过我要强调，这还有赖我们和物质之间保持适当合理的关系。因为，我们也可能被物质吸引得过了头，堕落到低处。不过，年轻时，我就决定要排除这个威胁。对于这一点，我将在下一章作更详细的说明。

因此，我的饥渴是迫切的，和绝大多数人一样，我想要认识一切、了解一切、吸收一切：首先是哲学，但也包括人类的历史、星象、考古学、楔形文字、古埃及的象形文字、科学与艺术（不论是俗世或宗教的）、宗教学以及文学作品。所有一切都让我感到兴味盎然。我什么书都读，会在上头加评注，会在不同颜色、按主题分类的笔记本上作摘要。我锲而不舍地追求智慧，好奇心永不餍足。

这份无法满足的饥渴并未因此让我免于考验。我的第一个考验是：学业过程的混乱；第二个考验更艰辛，是我了悟到理智的挫败；最后是，我彻底经历了自己的软弱无能。

崎岖的学业过程

首先，我必须承认我对学业的态度向来模棱两可。我对知识有着非常大的胃口，但总以首要目标——为贫困孩童服务，来淡化知识的重要性。事实上，从初修院毕业后，我拒绝上级贡撒蕾丝修女到巴黎索尔本大学继续念书的建议。她非常关切每一位年轻修女的全面发展，也很清楚我对知识的饥渴。然而，在两年宗教生活的密集训练后，我急于马上投入工作。这难道不是我进入锡安圣母院的原因吗？我因为就要到土耳其去而满心欢喜。况且，在那个时候，拥有业士文凭[1]就足以在小学当老师。

之后，当我被分派到中年级班时，我立刻了解到自己必须拥有大学文凭。那时，二次世界大战正把欧洲卷入一场混乱的大风暴之

---

[1] baccalaureat 是法国教育制度中所特有的业士学位，作为高中毕业会考与大专院校招生的凭据。

中：身在伊斯坦布尔的我，根本不可能和索尔本大学建立任何联系。因此，我在伊斯坦布尔一所大学注册，进入法国文学学士班，教会也给予我一些自由时间念书，我很快就取得第一个哲学证书。翌年，一位修女被分派到罗马尼亚，因此我除了自己的班级之外，还必须负责她的工作。那是我学业过程中遇到的第一个非自愿性中辍。我耐心地等候比较合适的时机。然而，日子一天天地流逝，转眼间，我已年近半百。被分派到突尼斯时，我认为是个重新出发的好机会。事实上，我可以在突尼斯的法国文化中心注册，它隶属索尔本大学，有资格颁发学士文凭给我。我借此感谢我的比利时兄弟姐妹们，他们帮我打下稳固的拉丁文和希腊文基础。白天学校的课一结束，我就利用晚间的时间啃书本，因此，学期结束时，我顺利通过笔试，起程前往巴黎参加口试。然而我的双脚才刚踏上甲板，人就已经晕得一塌糊涂，根本没法复习！整个航渡过程中，我整个人平躺，被海浪摇得晕头转向。抵达巴黎时，我已是半死不活的状态，站也站不住。一位好心人挂了电话给锡安圣母院，两位姐妹随后用小推车来接我跟行李，一位医生到修道院来为我诊断：我的脉搏微弱，呼吸困难。虽然我忧心忡忡，但是身体不适并未让我的考试受挫。尽管准备不周，再加上糟糕的健康状况，我还是通过考试。然而，这个事件却导致了更严重的后果：突尼斯的上级要我中断学士课程！他们怕除了学校教书的工作之外，还要准备学业，会危害到我的健康。

我彻头彻尾地受到了打击。怎么可以这样？我从未请人代过课，一个小时也没有，还拿到了证书。我是晕过船，但现在已是百分之百的恢复健康。就在一切要一帆风顺的时候，人家却要阻止我！我的头撞上一道愚蠢筑起的栅栏。我非但不能快速向前迈进，朝着让我陶醉、满足我生命饥渴的知识世界前进，反而被迫留在原地踏步。一种死亡的感觉渗透到我内心。

我唯一的脱身之路就是祷告。我到小教堂去表达不满和责备，就像在那个著名漫画和电影中，那个老与村长争论对抗的卡米罗（Don Camillo）神甫一样："神啊，你怎么会让这样的蠢事发生呢？我上司的愚昧，难道你视若无睹？"突然，我脑海里浮现初修院的老师当时对我们这群年轻修女所说的话："你们服从的誓言，或许有朝一日会像个死亡之茧。到时候，你们将与钉在十字架上的基督更加契合无间，同时也与许许多多，在比你们更痛苦抑郁千百倍的关系中挣扎搏斗的男男女女——毫无疑问地，女要多于男——息息相通、契合无间！"玛丽·艾尔芳丝修女用词强烈，但又说得非常有道理。为受苦受难的人祈祷很好，但一旦轮到自己也受苦受难，这时心会敞开，祈祷会改变，行动亦然。我们会变得更加热切，也更有能力去纾解他人的痛苦。

以马内利，想想你的初爱！当你从初修院毕业时，是你自己拒绝了上级让你到索尔本大学念书的建议，因为你想把自己完全奉献给那群软弱无力、被困在恶劣社会条件之中的孩童。你梦想分享人类的贫穷，好笑的是，你这会儿却只想着丰富你自己！这个积累知识的欲望，难道和财物以及物质乐趣的积累有什么两样？

第二章　吊诡的理智

你的愤慨难道和追求自我中心的满足及乐趣无关？你自称要服务他人、爱他人，但看看你的骄傲、你的自我中心、你的虚荣感，看看你的自我在渴望成长以及渴望让他人印象深刻中，已经膨胀到了什么程度！提醒你自己帕斯卡是怎么说的：

> 我们不满意存在于我们之中及我们生命之中的那个生命：我们想要活出按照别人想法打造的虚构生命，因此总是力图把自己展现给他人看。我们不断地努力装扮、保持我们虚构的生命，而忽略了真正的生存。[1]

这场风波持续了好几天。最后，借由帕斯卡话语的帮助及祷告的升华，我终于看清楚在我追求知识、学位的动机中，虚荣、想象所占的庞大比例。我其实沉溺在对知识的欲念之中。难道我不是想要知道一切、了解一切吗？希望能够拥有全部，这是何等疯狂的念头！这不但超越了人的力量，也让人变得愈来愈以自我为中心。尽管我真正的生命因为服务孩童而充满喜乐和伟大，但内心仍旧有某个东西，拼命地花大量精力追逐一个虚幻的目标，以建构在自己及他人眼里强大的自我形象。以马内利，你只因为帽子上没法插根学士学位的羽毛就这样崩溃了，你是多么卑微又可怜啊！

当然，我现在教年级比较高的学生，希望拿取学位是合情合理的。学业提供给我一个向世界、向人类开放的窗口。真正的文化的确能让人拥有一种普世性的眼光，一种尊重每一种文化的眼光，一种能够看到各种文化所具有的独特价值的眼光。尽管如此，我对学业的顽强追求以及我那苦涩的愤慨之气，逐渐在内心萎缩消失。事情最后的发展是，我还是得以准备不同的考试，也终于在55岁高龄拿到了那张著名的、在我生命中前后迂回了20年之久的古典文学学士文凭！

对理智的怀疑及挫败

同一时期，我还面对了另一项更重大的考验，那就是我对强调用理性和知识作抽象思考的理智的怀疑，以及理智最终的彻底挫败。这个危机的气味至今仍未完全消失。关于我的基督教信仰，我必须坦承，当抵达土耳其时，我有着人们称之为"诚实人的朴实信仰"。我对教会主教团所教导的，可以说是没有一丝一毫的怀疑。我在一个笃信天主教的环境中长大，就直接进了修道院。然而，任何信仰，无论是宗教、政治或道德上的信仰，都受到各式各样的攻击，或是一离开培养和塑造信仰的环境时，就很容易迷失，都是很正常的现象。

在先前提到的伊斯坦布尔大学，我接触到伊斯兰教和犹太教的世界。我遇到过不少出类拔萃的教授，不论是从知识、宗教或道德领域来说。对伊斯兰教徒费以兹先生来说，先知是穆罕默德；对犹太教徒奥尔巴先生来说，先知则是摩西；对我而言呢，先知则是耶稣基督。真理是什么？（Quid est Veritas？）是的，那绝对、毋庸置疑的真理在哪儿？

这个疑问犹如一道闪光猛然回荡在我的内心。今天有许多年轻人，在孩童时代毫无困难地接受了天主教教理课的教导，但在日后却拒绝信仰。身处在一个上帝似乎缺席的世界，他们感到自己不过是顺应整个周遭环境的发展罢了。我的立场却更为剧烈：我将自己完完全全地奉献给基督，深信他就是光。我生性自私，但在他身上找到爱的泉源，他把我狂热地引导到他人尤其是孩童身上。难道我整个生命是建立在一个幻象的基础上的？我这会儿处在一个很尴尬的位置上。用帕斯卡的话来说就是，我被"推上了"一条自此看起来很不确定的道路。我该怎么做呢？要去哪儿？该走哪一条路？突然之间，我发现自己陷落在黑漆漆、没有出路的隧道里头。

因此，我长久处在虔诚信仰的心灵以及要求更多证据的精神之间，不断被拉扯、撕裂。在情感上，我跟上帝说"是"，但在理智上，我跟他说"不"。我向来行事要求彻底绝对，我不能一直停留在门口徘徊。我想靠自己的理性推论破门而入，找到上帝的存在。我把经常说给学生听的古罗马哲学家、皇帝奥勒利乌斯（Marcus Aurelius，121—180）的著名箴言，应用在自己的身上："障碍是行动产生的原料。"真理，一定存在于某个角落。

我利用准备哲学资格监定考的机会，寻找一套稳当的系统，一个专致于"发现"的工具。但令人沮丧的是，我注意到每一位哲学"大师"都认为自己的言说优于前人，但之后就轮到后人反驳他们的言说。如蒙田（Michel de Montaigne, 1539—1592，法国文艺复兴时期最著名的思想家、随笔作家）所言，我是"站在滑轮上"：轮子无止境地转啊转啊的。当时，柏格森（Henri Bergson, 1859—1941，法国哲学家）是法兰西学院人人敬畏称奉的"大主教"。但我当时已经体悟到，柏格森称霸的时代也将成为过去。果不其然。

我的疑问仍旧没有获得解答。除非疑惑不再，不然我得到别处去寻寻觅觅。我开始研读所有的宗教，寻找能够提供毋庸置疑证据的宗教。我尤其对几个重要人物感兴趣，随便举几个例子：苏美尔—阿克德文明史诗中的英雄吉尔伽美什（Gilgamesh），他幻想寻找长生不老之道；公元前14世纪埃及法老阿顿王（Akhenaton）和他美艳的妻子奈菲尔提提（Néfertiti），开启了埃及崇拜阿蒙（Amon）为独一无二的民族神的短暂时期；印度婆罗门教的创造之神梵天（Brahmê），有着一整套宇宙秩序观，他无所不知、无所不在；顿悟的佛陀所指引的智慧之道仍旧吸引无数门徒跟随；还有细腻敏锐的中国文人老子以及重视伦理道德的哲学家孔子等。我还沉浸于对犹太教的理解，花许多时间研读12世纪的伟大犹太学者迈蒙尼德（Maimonide）及他的重要著作《迷途者的指引》（*Guide des Égarés*），那是一本试图让信心与理性获得和解的书。我随后将目标转移到伊斯兰文明，其中，哈拉吉（Halladj）这个特别的人物让我深深为之着迷，我一读再读路易·马西农（Louis Massignon）所写的关于哈拉吉的经典著作。我四处采集能够让我拨开迷雾的光芒。

最后，我来到基督教。诚然，基督为爱世人而死的精彩一生，温暖了人的灵魂。是的，但是，出现了一个很大的"但是"——有谁能够证明给我看，他就像尼西亚信条[1]所断言的，是"出于上帝而为上帝，出于光而为光"？我再度感到失望，一边咒骂一边合上厚厚的书本。我不存任何幻想地看了笔记本一眼，先前怀着幼稚的希望，在上面满满写了关于哲学和宗教的笔记。这一切不过是白费时间！

有没有另一条探索的路呢？早先我怎么没有想到？那正是我所需要的神学。我尤其为13世纪的哲学家与神学家托马斯·阿奎那（Thomas D'Aquin）所吸引。我必须坦承，我并没有读完《神学概论》(*Somme Théologique*)的所有卷本。但我一直读到了关于上帝存在的五项磨炼，尽管他的论据深具价值，但我并不满意。简而言之，我在阅读神学时，并没有得到足以说服自己的有力证明。

最终，我绝望地作出结论，那就是，讲求理性思考和抽象推论的理智不能带给我任何解答。在往后的日子里，我才发现这次的研究事实上让我获益匪浅。寻找本身没有罪，甚至是好的。人的内心感到追求真理的张力，这本是天经地义之事。然而，希望了解上帝的这个寻找的目标，却注定是条死路。"了解"，拉丁文 comprehendere 的字面意思就是"占有、掌握一切"。的确，我想要

---

[1] 尼西亚信条（Nicée，又称尼西亚信经）是公元325年第一次召开的尼西亚大公议会中，所制定的有关基督教信仰的基本决议，企图在神学观点上取得共识。这个决议确定了圣父、圣子、圣灵为三位一体的上帝，地位平等。此信经内容于公元381年第一次君士坦丁堡公议会中作过修订，是最后一次天主教派、东正教派能够一致接受的信经。

占有上帝,征服他、控制他。我多么骄狂自大！竟有如此非分妄想！我妄想自己具有和上帝等同的能力来达到至高、绝对的知识境界。这儿所说的,不只是关于知识"量"的积聚。"量"的一切让位给"质"的一切,给了亚当和夏娃曾经受过的诱惑,那就是一旦尝了神禁止他们吃的那棵树——能分辨善恶的树上的果实,就会"变成如神一样"(《创世记》3章5节)。

一位上级曾经建议我们："遇到问题时,翻开《圣经》的福音书,坐下来慢慢细读,像个小孩一样,欢欣喜悦地阅读一段会在内心回荡的美妙故事。"我喜欢坐在靠近圣体柜的地方,在能够纾解紧绷的神经与大脑的宁静中,冥想《约翰福音》第6章的话语。我采用圣徒依纳爵 (Ignace de Loyola，1491—1556) 在他的书《修行》(*Exercices*) 中提倡的方法,首先将场景植入事件发生的背景,看到耶稣坐在一艘船上,面对河边的一大群人说话。接着,我让内心回荡着这些令凡人耳朵听起来惊愕的话语："我是从天上降下来生命的粮,人若吃这粮,就必永远活着。我所要赐的粮,就是我的肉,为世人之生命所赐的。"(《约翰福音》6章51节)这时,我们很能够理解当时听众的反应：他们私下叽叽咕咕地议论他,嘲弄这位先知,并且慢慢地远离了他。难道他要把众人变成食人族？耶稣并未因此惊慌失措,他转身对那12个门徒说："你们也想离去吗？"耶稣并未因此改变措辞,也没有挽留他们。正直勇敢的西门彼得总是第一个跳入水中,他喊道："主啊,你有永生之道,我们还归从谁呢？"彼得虽不了解,但他相信。而我这心存怀疑的人,我将归从谁呢？我应该放弃从基督散发出来的光，转而拥抱时代的精神——当时的思想主流是萨特和加缪，以及他们对生命荒谬的质疑吗？

对我来说，这与我个人的经验南辕北辙。自12岁起，我每天都感受到我的生命食粮、圣体所赐予的力量。虽然我心存怀疑，也骄狂自大，但我灵魂深处总有一个细微的声音低声说着："你的活力，那让你不断重新活跃起来的活力，如果不是来自于你内心的基督的话，到底来自何处？"虽然没有令人信服的理性证据的支持，软弱、无常的我，也充满热情地到处奔跑，把我的身体奉献给他人，让生命得以喷涌而出。生命存在的具体论据稍微缓解了抽象推论的挫败。

这段延续了好几年的怀疑当然是我的一个重担，然而它也帮助我成为更具普世精神的修女。我多么了解那些抱持怀疑态度、拒绝相信、徒劳寻找的人啊！他们就像我自己的一部分。一天，一位"不可知论主义"[1]的哲学家朋友问我："依你之见，人如何能够拥有信心？"我针锋相对地回答他："对于像你这样的人来说，是不可能的事！为什么？诚如帕斯卡在《备忘录》中所断言，神不是哲学家和学者的神，而是亚伯拉罕、以撒、约伯的神。"

会向活人显露的上帝，不会因为我们用理性思考、抽象推理的方式，或用一个小型望远镜观看就被发现。不论信或不信，我们都必须提防从现实和行动中逃逸的纯理智主义。当理智沉湎于

---

[1] 不可知论主义（agnosticisme）主张一切超越实体之外、一切形而上的事物都是不可认知、不可论断的，是一种彻底的怀疑主义。

自己的力量时，它自以为无所不能，凡事都能掌握、操控。我之所以没有落入这个陷阱，是因为我曾经碰到了理智的界限，最后反过来承认了这个事实。

东方女皇的盛与衰

我遇到的第三个考验，是体悟到自身的无能。虽然我在伊斯坦布尔与年轻学子的关系看起来和我摇摆的信心一样，总是动荡不安，但它同时赋予我常足喜乐的理由。有什么事会比和这些渴望认识法国文化的女孩交流更热烈动人？她们向新的世界、新的视野全然敞开，很骄傲能让自己最好的一面更进一步获得提升。教导年轻学生、帮助他们茁壮成长的女老师，普遍都被视为具有崇高地位的人物。我受到毫无保留的崇敬与爱戴。在这个东方国度里，甚至可以说，我是众所公认的女皇。

因此，被派到突尼斯时，我经历了非常剧烈的转变！我被指派负责两个出身法国移民家庭的女学生班级，面对的是一群全然不同的学生。这群十二三岁的小孩是因为父母送她们上学才会到学校去的。她们调皮捣蛋，只喜欢喧嚷起哄，对我当然也不客气。突尼斯湿热的气候不断地侵蚀我的体力。从早到晚，我因疲劳过度而沮丧不已，根本没有能力在这群处于蠢蠢欲动年龄的学生面前树立威望。东方皇后的时代，早已离我远去！

一项辉煌的成就，不论其性质内容是什么，都很容易引发自欺欺人的陶醉感。教书，至少就当年而言，提供了有权势的地位。老师总是高高地站在讲台上，形体上掌控了整个情势，说的话是不可辩驳的真理。老师总觉得自己是众所公认的知识的主宰，是知识至高无上的施予者，是灵魂的祭司，是伟大智慧的传达者！在这种情况下，我们很容易自我膨胀，自认为是超人，凌驾于其他人之上！脸上露出优越的神情，步伐豪迈不羁，说话的口气也变得傲慢自满。

在突尼斯遭受的挫折，是在这个鼓胀的大圆气球上刺了一针，我完全泄了气，对自己失去信心，意志日渐消沉。如今，我只不过是一条面对自己虚无的可怜虫。

帕斯卡精彩地阐明了心灵秩序中所内涵的矛盾。他一方面肯定才智的伟大："思维形成人的伟大。"[2] 另一方面，他也疾声呼吁人们承认思维的极限。纵使他具有广博的好奇心与天资，但只掌握到宇宙的一小部分。想必他深刻地感受到那个介于他的求知欲望与他所能够领悟到的皮毛之间的鸿沟：两者之间的差距何其巨大！

> 人是不成比例的……他既看不到他从中而出的那个虚无，也看不到他深陷于其中的那个无限……人处在不明白事物的原则也不明白事物的归宿的永恒绝望之中。[3]

我们急欲找到一个坚实稳固的地势、一个可靠恒常的基础，来搭建一座无限高的塔。我们不断地受到诱惑，向"天使主义"屈服，否认人的生命当中既有伟大也有局限。事实上，凡动物因无法思维而不能做的事，我们人则有能力来实现它。我们虽然也是动物，但因为发现了宇宙运作的法则，而有能力取用宇宙，操作物质，改造世界。我们理智的作为看起来宽广辽阔、无边无际，很快地，天空成了人的理智能力可及的范围；就像在巴比伦，当人们还只说一种语言，声称要建造一座登上天空的高塔时一样，理智按其所愿和所需来揉弄、改造、形成差异。"变成如神一样"的诱惑总是虎视眈眈地伺机在旁，因为当理智沉溺于自我时，会产生无所不能的感觉。精神秩序里的冒险旅程同时兼具了伟大与可悲。似乎充满了无限希望，但最后的结果却让人看到理智的无能。因此：

我们整个的基础破裂了，大地裂为深渊。[4]

人在寻找自己本身的超越时，不论是在哪一个领域，迟早会发现他本体上的软弱。就像亚当和夏娃，他们张开眼睛，看到的却是自己的赤身裸体。

固有的软弱，乃是人的一部分，你无法摆脱，也永远摆脱不掉，它将紧紧地伴随着你，直到死为止。软弱不会被精神和精神秩序给消灭掉，相反的，它会得到比物质秩序更痛苦的意识。人夹处在无限大与无限小之间，在理智的权力和尊贵，以及他对理智局限性的体验之间备受折磨。面对自我内心的虚无及最后必然的坟场大坑，人，"空洞且充满污秽的心"，因此想要逃跑、不断地往前逃跑。

注释

【1】《沉思录》93 页。

【2】《沉思录》149 页。

【3】《沉思录》66 页。

【4】《沉思录》68 页。

第三章 享　受

帕斯卡的发现，不论是世界最早的计算机、积分学的雏形，还是对侵蚀人灵魂的癌症的诊断等，都不能轻忽看待。他手上那把解剖刀直插入流传最广、破坏力最大、最常见的瘤，我们每个人身上或多或少都有的瘤，那就是，我们为无法找到幸福而饱受煎熬，尽管幸福其实就在我们自己的内心深处。

消遣——有时候当我思考人类各种不同的激动，以及他们所面临的种种危险与痛苦时，我发现人的不幸都来自唯一的一件事——不懂得安安静静地待在屋里。【1】

如此，帕斯卡把人逃逸到各式各样的激动和自我外在事物之中的行为统称为"消遣"。的确，在自我的内部，看不到治疗空虚的明显的解决办法。每个人对空虚都体验到不同程度的苦涩。当然，我们都知道什么是空虚。但有些人，包括帕斯卡在内，不接受停留在事物的表面。我们希望定得更远一些，对自己有更深入的看法。年轻人经常有这样的要求，原因有许多：还没有被为生活打拼的忙碌所缠身，因此有更多的自由反省自我；比较自由，因为还不那么眷恋物质事物、社会地位、生命需求。当他们面对自我时，比较急欲发现和肯定自己的身份认同：我是谁？说穿了，他们还不需要为生存而奋斗，还未陷入沉重的生活负担。因为在日常作息里，我们既没时间也没兴趣去思考，所以青少年会比成年人作更多的思考和寻找，所以我认为年轻人热情动人。

最大的可悲

不管是哪种情况，人在面对空虚，而且是无法克服的空虚经历时，总是不忘寻找生命的填充物。如何才能填满空虚？立即可见的解决办法，就是到自身以外的地方发狂地寻找。

> 可悲——唯一能安慰我们的可悲的，就是消遣，然而，它却也是我们所有的可悲当中最大的可悲……但消遣让我们开心，并使我们在不知不觉中走向死亡。[2]

比起帕斯卡的时代，今天的情况有过之而无不及，生活充满了许许多多外在的煽动和吸引。公寓里有收音机、电视、电脑，车库有随时可以上路的代步汽车，城里有日夜通明的街道、争奇斗艳的橱窗和广告海报上宣传的各式各样的旅游或奇妙器材。号称是免费赠送，可是到头来却成了人们矻矻一生才能偿还的债。所有的一切都是吞噬我们身体、财务和精神力量的诱饵。

我们从早到晚、从晚到早地在外头寻找，寻找能够帮助自己从窒息得喘不过气来的空虚中逃脱的方法。这是全世界针对宁静、休息、内在所展开的一场大阴谋。因为，唯有在内在之中、在静静观想星星（不是流星）之中，人才能塑造自己的人格。

> 到底世人都在想些什么呢……想着跳舞、吹笛、唱歌……想着打仗、想当国王，却完全不去思考什么是做国王，什么是做人。[3]

就这样，我们或多或少都参与其中，一切令人愉悦的肤浅欲望的刺激，尽情地抚慰着人的感官。然而任何一种欢乐，不论是感官的、心灵的、精神的，都会逐渐退却。欢乐一经感受，立刻消失得无踪无影，因此，需要时时不断去更新。当我们置身于这一连串无止歇的激动、堆积、重复之中，内心的某样东西却从来没有获得满足，它不断在呼喊：还要，还要，我还要！

理智与情感之战

我早先提到三种不同类型的欲念：感觉的冲动、知识的冲动和统治的冲动。每一个欲念都打开一个逃脱的前景。现在我想进一步说明自己一生当中如何不断地受到诱惑。

第三章 享 受

首先是外貌。20岁的时候，我所有精力都花在如何保养外貌和展现诱惑力上。当时，人们习惯戴帽子，我用尽一切办法，硬是跟母亲要来一顶所费不赀的"林白"帽。这位著名的飞行家刚刚完成了横渡大西洋的创举，时尚界趁机推出专为女士设计、外形像飞行帽的毡绒帽。这顶实际上看起来愚蠢无比的帽子，在我眼里却是最新潮流。在一段短暂的时间里，这顶古怪的帽子是我的最大消遣，虽然很快就被另外一个流行时尚给取代了。和其他人一样，我想透过外貌获得自我价值的肯定和提升，我当时并不认为这种价值是虚荣不实的。我们和形象、外表的关系，需要经过许多年的时间淬炼才会趋于成熟，届时才会承认外表所具有的社会功能，但也不因此把自我等同于外表，也不高估它的重要性。尽管如此，我还是多次建议那些不修边幅的女性朋友们，要她们追求高雅、有品位的打扮！

啊！年轻人的憧憬！现在我到了伦敦，跟着当修女的表姐学说英文。锡安圣母院的姐妹在贫穷的哈洛维社区主持了一所学校，试图拯救陷于悲惨生活的小孩。这项计划让我热血澎湃，于是我决定加入修会。然而，回到布鲁塞尔时，我再度落入消遣的圈套：戏剧、电影、跳舞、美丽的装扮、在巴黎的逗留……都让我无法抗拒地受到吸引。我想要压抑先前在伦敦听到的召唤。在内心深处，我的理智告诉我，"那"才是我生命的意义，然而让自己消遣娱乐一下的欲望却喊得更大声：

活着，为了什么？

> 人的理智与感情的内战。假如可以只有理智而没有感情的话……假如可以只有感情而没有理智的话……但是两者皆有，就不能避免战争，因为要想与其中之一和平相处，就不能不与另一个进行战争。因而，人永远是分裂的，而且是自己在反对自己。[4]

曾经有过同样经历的人都知道：这不再只是青少年的苦闷，而是内在分裂所引发的深刻痛苦。无法选择时，只能徒劳地挣扎。就我而言，在经历年轻时期的骚动不安时，我需要不断地从外面寻找能够掩盖内心纷扰的东西。但我并未因此获得平静，仍旧痛苦万分。我放任自己跟着青少年的冲动走，很快地，这些冲动对我也不够了。我希望享受更大的、即便是仍旧不知何物的欢乐。一天晚上，我独自漫步在空荡荡的街头，我在寻觅一名男子。我想，多亏平时母亲为孩子勤数念珠，神在那晚，就像其他夜晚一样，保护了我。某人前来跟我搭讪，但一下子就不再坚持，转身离去。我对自己愈来愈嫌恶，无法控制自己也让我害怕。是的，当我一味地追求享受、享受、享受时，我跌到人性可悲的谷底，失去内在深处的自我！归根结底，我所做的不过是试图"通过刺激去得到安宁"[5]罢了。

消遣娱乐的诱惑

事实上，在感官的消遣娱乐、外貌装扮和欢乐之后，紧跟而来的是逃遁到行动主义之中。有什么东西比"刺激"更可以强烈对比出帕斯卡所说的"安宁"呢？接连不断的计划和事业的漩涡会让人产生生命的幻觉。在开罗穷人那儿，我投入许许多多的工作，甚至连祷告的时间都没有。幸亏老阿德里提醒了我，让我意识到自己正试图解决"所有的"问题。我想起伊斯坦布尔的上级艾尔薇拉修女给我的警告："千万别让自己掉入行动主义之中！"而我却很容易为行动主义所掳获。行动本身使我感动。行动，就是存在，就是定出自我的局限，将虚无填满、麻痹，再也不去面对它。行动的规模和强度给人一种有力量的感觉，觉得自己就像印度神像一样，拥有许多手臂可以战斗。我们以为能够解决所有问题，回应所有的呼救，我们感觉自己像是生命的创造者，能够让人重新站起来，让死亡不再来临！我想要改变地球，就像一位改革世界的神祇一样。然而，这不过是个圈套，很快地，出现在我眼前的只有一而再、再而三的幻想破灭。突然之间，我们发现所有行动的总和永远无法让苦难从地球上消失，行动触及的永远只是一小部分的人类。这个醒悟虽然苦涩，却是必需，它指出了事实。行动是正当而且良善的，但能了解行动的局限，接受自己不过是人、是有限的，也不坏。那追求完美主义、那不断追逐成绩、效率竞赛的恶性循环被打破了，才有可能产生平衡、从容，放弃理想性的行动。为了表达这样一个平衡点，我将古罗马哲学家、皇帝奥勒利乌斯的话变成我的祷告辞：

活着，为了什么？

> 神啊，请赐予我安详和从容来接受我所不能做的事，
> 赐予我力量来完成我所能做的事，
> 赐予我智慧来分辨这两者。

再进一步深入思考时，我在这个难以遏制的知识欲念、多年来占据我的知性渴望中，看到第三种形式的消遣。我完全没料到自己试图要忘记，忘记我在追求信仰与理智之间的和解共存时，遇到的苦恼和自身的无能为力。当人一再追求提升知识时，会无意识地磨灭掉那些烦扰生存的真正问题。因为面对善恶、生死等根本问题，智识没有提供任何决定性的答案。人透过知性消遣所逃避的那个空虚，其实就是人在寻找解答过程中，一再被迫面对的人本体上的彻底无能。人永远无法知道为什么会来到世间，为什么会受苦，既然终有一日注定要消失，为什么还要活着？因此，人寻求自我陶醉：人在科学或哲学的知识建构上不断前进，同时也创造了一个让焦虑获得平息、让我们相信终有一日会达到真理的世界。当我们纵身跃入这个在世界之外的世界时，我们沉溺其中，在里头翻搅打滚。这个知识的建构虽然本质上是虚幻不实的，但却仍令人快慰，人们可以终其一生感到满足。我们害怕睁开眼睛，去正视那深奥难测、沉重逼人的事实。我们就像一群永远长不大的小孩，宁愿活在想象力虚构出来的世界里。

这便是我们的真实情况，是它使得我们既不可能确切有

第三章 享 受

知,也不可能绝对无知。我们航行在辽阔无垠的区域,永远不定地漂流,从一头被推到另一头。我们想抓住某一点把自己固定下来,它却荡漾着离开了我们。如果我们追寻它,它就会躲开我们的掌握,滑开我们而进入一场永恒的逃遁……因此,就让我们别再追逐什么确实性和固定性吧。我们的理性总是为表象的变化无常所欺骗,并没有任何东西能把包含有限和避开有限的这两种无限之间的有限固定下来。[6]

最后,虚无的终极消遣,乃是我们想要"自立为王"。要对抗虚无,还有什么解药是比拥有、主宰、权力更有效的呢?每个人都忙于打造自己的小小王国,好在里头称王称霸。我们都有统治、成为某样东西的主人的需求。从老师到厨师、从音乐家到教育家,每个人内心都有一个睡着了的暴君。我提过受人景仰的老师会有的陶醉感,被人们对他的崇拜所消遣,难道不是吗?所有好的东西都能够成为获得权力的管道,不论是科学、知识,或者对某些女人来说的美貌。打从埃及艳后以来,她诱惑恺撒大帝以保存后位,甚至在一段时间里让他彻底臣服于她……有权有势的男人沦为女人手中的傀儡等历史前例,俯拾皆是。当然也有人扭曲仁慈,借此获得权力。有多少家庭的母亲真心诚意希望周遭的人能够获得幸福,同时也运用属于女性特质的慷慨和牺牲精神来指挥和支配家人。

至于我,我难道不曾或多或少地通过慈善工作来实现我对权力的渴望？的确，慈善工作提供了一个独特而且是非常有成就感的领域，让人投注在我们永远无法从人的内心剥夺的原始本能。为他人服务的目标让我得以经手数百万金钱、遇见最有权势的大人物、走遍世界各国……简而言之，它给了我自以为工作规模庞大、效力非凡的陶醉感。幸运的是，归属一个修会多少减缓了我的自大狂妄。一旦回到姐妹身旁，我重新成为全体当中的一分子。我经常到位于普罗旺斯卡利昂村的小墓园探视姐妹的坟墓。看到为我预备的位置时，我立刻回到人与人之间最基本的平等。

另外，还有一样东西救了我。如果说我很容易想要他人对我唯命是从，希望成为众人的焦点，无论如何都想要达成目的，是我天生就富有的强烈的正义感适时提醒了我。面对任何形式的宰制，我内心总有个什么会奋起反抗。真理让人人平等。没有国王和穷乡下佬的分别，他们是平等的。但平等并不等于正义。我所谓的正义，是偏爱穷乡下佬胜于国王，以弥补对穷人长期以来缺少的敬重。

在重新回顾生命历程的尾声时，我必须承认，消遣总是用一种新颖而且愈来愈狡猾的形式出现，甚至自认为造福世人，除此之外，还能说些什么呢？一旦我幼稚地相信自己战胜了某种消遣时，另一个消遣马上就会出现，并且是用更微妙、更令人难以捉摸的方式！在生命的最后几年当中，我遇到一件可怕的事：我成了媒体焦点。在法国，针对最受欢迎人物所作的民意调查中，我

第三章 享 受

的排名竟然与摇滚巨星约翰尼·哈立代不相上下！[1] 一如既往，形象的诱惑与外在物质的陶醉在我耳边喋喋不休地唱着诱人的歌。然而，我现在一只脚已经进了棺材，再加上过去无数次的挫败经验，我深知这一切不过是虚荣，是徒劳而空虚的。而且这些接二连三逃遁的企图也都会有消失的一天，就像所有的欢乐，一经体验就会消失。如常言道，这些杂七杂八的东西，我也带不进棺材去。当我来到正义之神的面前时，他绝对不会问我在民意调查中排第几名！

有益的空虚

众所皆知，我是个无可救药的乐观主义者。对于我的软弱、冲动与不够内敛，我特别记得两个好处：

其一，我懂得与世人相知相惜。这个借由外在虚荣来填满内在空虚的企图，你我每个人都有。我们永远都是世间的凡人。喜爱享乐的个性让我能够了解那些承认自己软弱却无法战胜软弱的人：唯有深刻感受到自己苦难的人，方能同情他人的苦难。我想到那位为了更多的性爱出轨造成家庭破碎的男子，虽然他的妻子

---

[1] 每半年，法国 IFOP 民意调查机构，针对"法国最高知名度暨最受欢迎人物"作调查，已有 18 年之久。过去 17 年，均由皮埃尔教士（Abbe Pierre）蝉联榜首。2004 年，皮埃尔教士宣布退出民意调查选单，于是著名足球明星齐达内（Zinedine Zidane）跃居第 1 名。多年来，以马内利修女一直是排名最高的女性，在法国人心目中，她的知名度与受欢迎度远胜过苏菲·玛索（Sophie Marceau）、凯瑟琳·德纳芙（Catherine Deneuve）等电影明星。本文所提应指 2003 年 7 月间举行的民意调查，以马内利修女排名第 5，略胜法国摇滚巨星哈立代（Johnny Halliday）一筹，法国总统希拉克是该次调查中最受欢迎的政治人物，排名第 22。

活着，为了什么？

和小孩是他最珍贵的宝藏。他告诉我："我知道我疯了。我为这些女人失去了一切，但这就像存在我血液里的疾病一样，我没法摆脱。"我想到另一名男子，也因为妻子最后诉请离婚而崩溃。对于他妻子或小孩来说，他总是缺席。身为高层主管的他，整个人被工作和强烈的事业心完全吞噬了。

尽管岁数已大，我终归能够理解众生。事实上，在《没有重心引力的人》[1]中，精神分析学家查尔斯·梅尔曼（Charles Melman）描述了我们目前看到的一个新的精神经济的诞生。他认为，先前的动力——欲望，如今已让位给享乐："今天随便打开一本杂志欣赏我们社会的重要人物或英雄，不看到他们展现一种全然享受的特殊神情，简直是不可能的……他们必须将五脏六腑、五脏六腑的内部，甚至内部的内部，全都掏出来。"我们在这儿触及一些极端现象，或许是我们这个时代牢固不移的不满足感的直接原因之一。没有限度地寻求享乐，同时也意味着不断地承受欢乐的局限。当感官和想象力愈是感到欢乐带来的欢欣畅怀时，它的快速消退也愈容易让人尝到苦涩滋味。欢乐之后带给人的是一个大坑洞，一个欢乐永远无法填满的空虚。

其二，我敢肯定地说，空虚的经验本身是件好事。每一次意识和觉悟到自己所开展的工作不过是虚荣浮华时，我就一层一层地被洗涤。难道不是生命中不断遇到的磨炼，让人渐渐达到赤裸

---

[1] *L'Homme sans gravite*，Denoel 出版社，2002 年出版，《十字报》（*La Croix*）2002 年 12 月 5 日引述。

第三章 享 受

无华的境界？我们彼此坦诚相见的日子迟早会来临。

不同于把圣人视为所向无敌的英雄那种愚昧的虔诚，这些男女全都经历过天塌地陷的时期。让我们举耶稣会的创立者圣依纳爵为例。出生低阶贵族的他，是家里最小的儿子，醉心于成为骑士，当西班牙北部的潘普洛纳（Pampelune）遭到围城时，他为一位领主效劳。不料一颗炮弹击中他的腿，导致终生残障。他告别了军旅生涯，追逐显赫战功和荣耀的梦想也彻底粉碎！他在肉体和心灵上都落入软弱无能的状态，在他眼里，他已然失去一切。漫长、静止的恢复期迫使他阅读和冥想，一天，他读到了福音书里一段似乎是专门对他说的话，从此他成为基督的士兵。接下来数百年，他吸引了一群志同道合的伙伴——跟随他的脚步的耶稣会教士。

我认识的许多人也都有同样经历。曾经担任过历史老师的瑟西尔，最珍贵的梦想就是拥有自己的家庭。她的生活一帆风顺，对未来充满了乐观和信心。非常在乎自己魅力的她，希望有一天能够找到如意郎君。一天，她因身体微恙去看医生，生命却就此改观：医生宣布她这辈子无法生育。她永远都当不了母亲，一切都崩溃了。她的生命失去了意义，整个人陷于绝望。她对一切失去了兴趣，面对的是全然的空虚。在一个偶然的机会，她读到一篇文章，描述亚洲某个国家孤儿院里一群孤苦无依小孩的悲剧。健康良好的小孩很容易被领养，身体残缺的小孩则无人闻问。这是她生命的第二个晴天霹雳。她感受到召唤，写了一封信给那位记者，询问更多相关讯息，很快地，她成了母亲，认养了1个、2个、5个、

10 个出生在法国或世界各地遭父母遗弃的小孩。她还成立了一个协会,多年来救助了数百条生命。在一栋建于树林间的漂亮房子里,当时收容的 20 多位孩子围绕在她身旁。这个大家庭所散发的智慧和喜乐让我印象深刻。我对她说:"瑟西尔,你真幸福啊!"她开怀大笑:"您是第一个真正了解我的人,其他人都对我抱以同情,以为我肩负着沉重的负担。事实上,这些受到生命摧残的孩子可是我幸福的源泉啊!"我们两人都笑开了怀。

不论是圣依纳爵或瑟西尔,他们先前对自己及美好生活的希望和想象完全破灭。尽管这个"除锈"的过程痛苦万分,但我们祝福每个人都能有此经历。一旦除去脑子里叮当作响的奇思幻想、剔除所有的鸟声和羽毛之后,人赤裸的心灵将成为无底深渊。这时,终于有了真理容身的空间。

换个方式来说,我们必须在"欢乐"和"幸福"之间择其一的日子来了。

注释

【1】《沉思录》86 页。

【2】《沉思录》96 页。

【3】《沉思录》92 页。

【4】《沉思录》160 页。

【5】《沉思录》89 页。

【6】《沉思录》68 页。

第四章 解 放

1961年，在攻读学士学位过程的几番波折中，我有幸在索尔本大学的课程里接触到帕斯卡的思想。当时，我饱受怀疑的折磨，因领悟到自己的无能而痛苦不堪。面对不断的撞墙和受挫，我希望更进一步去挖掘和探究，以获得真理，就像置身沙漠时会往地下挖掘以寻找珍贵的水源一样。为了寻找一个深刻的方向，这一次，我不再满足于零散地看《沉思录》的几个章节，而是采取逐字逐句、深入阅读的方式。正是这个关键的时期，帕斯卡成了照亮我精神和满足我心灵的灯塔。

与众神不同的神

第一项发现：帕斯卡的神，不是以电闪雷鸣来展现权力的宇宙之神，不是人凭着智慧就能发现的神。

我们让真理本身变成一种偶像。[1]

神不是人创造出来的产物。不像人通过天文望远镜可以看到闪闪发光的星辰，或是借由实验可以获得科学新发现一样，神不会因人的调查研究而显露出来。

> 证明神存在的形而上学证据是如此背离人类的推理……所以很难打动人。[2]

> 这就是为什么我不准备在这里透过自然的原因证明上帝存在、三位一体，或灵魂不朽以及任何这类性质的事物的缘故了。[3]

我有如遭到当头棒喝。长久以来，我挣扎地想要找到驳不倒的证据，证明上帝的存在，而帕斯卡竟然对理性在这方面的妄想嗤之以鼻！事实上，神是不可化约为讲求理性思想、抽象推理的理智。帕斯卡反复强调：神，乃是一位隐蔽的神。

> 你实在是一位隐蔽的神！（Veretu es Deus absconditus!）[4]

这不就是我们每天都会经历的情况？神在这个出了问题的世界，在这个充满暴力、没有正义的世界"缺席"，但是他又的的确确存在于这个世界，只是不是以干预介入的形式。神存在于人的内心、人的良知和意志、人的无意识和灵魂之中，好帮助他成为

第四章 解 放

良善之人，不论他知道与否。神把世界交托给照着他自己形象所造的人。此外，神也只会在人身上并且通过人来影响世界。尽管如此，我们并不是机器人，我们是自由的，或者更恰当地说，是我们身上拥有自由的幼芽。神是一位隐蔽的神，这正是我们获得自由的必要条件：如果一位神把自己强加于我们，我们还有自由意志可言吗？我们甚至不需要去相信，因为这位神是不证自明的。而信仰，更是自由的行为。

因此，帕斯卡才会对那些把神视为"需要去发现"的人嗤之以鼻，因为：

> 《圣经》是更懂得神的各种事情的……《圣经》反而说，神是一位隐蔽的神。[5]

那么，《圣经》人物所经历的最重要的体验是什么呢？那就是拒绝承认假神，拒绝承认人所造的神。在这个世界上，偶像崇拜、对各式各样假神的崇拜，是无时不有、无处不在的。人凭空想象、创造了他的神，他的偶像。他将一些至高无上的权势和力量转化为塑像来膜拜：自然现象的力量、宇宙的力量、万物繁衍不息的力量、权力与金钱的力量等，净是一些昭然若揭、支配着世界的东西。这是我们恒久不变的诱惑。像我们一样，亚伯拉罕、摩西及耶稣在作为人子的历程当中，都需要闪避并远离偶像崇拜的诱惑。神命令亚伯拉罕离开他的本地、本族、父家，连同他们所依恋的偶像（《创世记》12章1～3节）。神对摩西下了一道命令："除了我以外，你不可以有别的神。不可为自己雕刻偶像，也不可做什么形象，仿佛天上、地下和地底下、水中的百物。不可以跪拜它们，也不可以侍奉它们。"（《出埃及记》20章3～4节）诱惑者答应将天下的万国赐给耶稣，只要他愿意拜倒在他面前："魔鬼又领他上了高山，霎时把天下的万国都指给他看，对他说：'这一切权柄荣华，我都要给你，因为这原是交付我的，我愿意给谁就给谁。你若在我面前下拜，都归你。'耶稣说：'经上记着说，当拜主你的神，单要侍奉他。'"（《路加福音》4章6～8节）《圣经》旨在攻击所有偶像。

> 外邦的偶像，是金的银的，
>
> 是人手所造的，
>
> 有口却不能言，有眼却不能看，
>
> 有耳却不能听，口中也没有气息，
>
> 造他的要和他一样，
>
> 凡靠他的，也要如此。（《诗篇》135章）

人心可感受的神

转身背离所有偶像，相信独一无二的神，意味着放弃单凭感官去体验某个神祇，转而相信一位隐蔽的神。这时，我们就能尽情享受放弃所带来的果实：一个全然不同的启示。

> 感受到神的乃是人心，而非理智。而这就是信心：神是人心可感受的，而非理智可感受的。[6]

我在"人心"这两个字上思索了颇长一段时间，对于它的解读，曾经出现许多不同的看法。这个争议虽然非常有趣，但不在我的讨论范畴。不过，我支持帕斯卡专家梅纳（Jean Ménard）的观点。梅纳在《〈沉思录〉的氛围》（*Le Climat des "Pensées"*）一书中，确定了帕斯卡所说的"人心"的位置。它既不在纯粹理智之中，也不在情感之中。心是人的核心，是肉体与理智、感性与意志的结合。它是产生行动的马达，是人最私密的一面，是人之所以是一个绵密复杂的关系网络、是一个独一无二的生命的关键。

在研究帕斯卡的"人心"概念的同时，根据伯格森对直觉的定义，尤其是《圣经》里的暗喻，我们可以探究"直觉"这个概念。在帕斯卡所迷恋的《圣经》中，"人心"指的是神对人说话以及人对神说话的地方，是思想，是因狂喜或忧伤而发出呼喊的地方。是我的心，和着诗经里的祷告，在向神说话。"我心向你说，'寻求他的面'。耶和华啊，你的面我正要寻求。"（《诗篇》27章8节）是我的心在作一个重要、经过深思熟虑的决定。最后，如果我们不停留在较庸俗层面的含义的话，"肺腑"这个词也能唤起同样的理解和感受。

在此，我们触及帕斯卡修辞学的一个关键字。他重视的是人的心、人最深邃难测之处。他在人的心上看到神不可磨灭的印记。

活着，为了什么？

自此，这个我已经相当熟悉的观点突然提升到新的高度：

> 人心有它自己的理由，那是理智根本不认识的。[7]

事实上，经常让我们受到启发和鼓舞的并不是冷冰冰的理智，而是在内心发生的颤动，这个颤动不仅发生在"精神"之前，同时也大大地超越了精神。我将更进一步探究在我们感知和领悟事物的过程中，理解力是如何逐步推展开来的。一般人都认为，理解事物的顺序多半从肺腑感受而不是推理辩证开始，直到最后产生超越理解层面的行为或信念。实际上，这时候会出现最野蛮或最高贵的行为——它们全都自以为拥有真理。这里同时也是所有行为发生的地方：我们每天从早到晚、从晚到早，都幼稚地笃信自己的行事所为无不受理智的引导，然而任何一个较深邃的行动都体现了我们的过往经验。这是为什么我们需要听听那个反驳的人说的话：因为他的理由属于他的过往、文化以及他与世界关系的一部分，所以能够对我有所启发，帮助我理解自己的判断。否则，我们将落入一个循环。这个循环是当我们企图阻止一切与自己的信念、思想、经验有任何冲突的东西时，自己创造出来的。这时，我们的生命将被关在这个自我反射的循环里：在一种自己与自己的关系当中，我们的理智只思考我们自己的经验，反之亦然，就像纳希斯（Narcissus）爱上自己的倒影。凡懂得吸纳他人真理的人，尤其是当这个真理与自己的真理恰好是背道而驰时，就能够脱离

第四章 解 放

这个自我中心的恶性循环。

回到那个一直困扰、折磨着我的问题时,我终于隐约看见了一条出路。具体的日常生活中各式各样的相遇和结识,因这个颤动有了生命和活力,我的五脏六腑也加入相信上帝的存在,这个一直存在我内心的神的存在,难道需要理性思考和抽象推理来加以论证吗?我发狂地寻找一个答案,这个答案终于被我找到了,而且让我头晕目眩。我不仅了解帕斯卡想要说的,从那时候开始,我也放任自己追随那个相信"人心可感受而非理智可感受的神"【8】的内在冲动。

那是一种解放,犹如灯塔的光芒照亮了我的夜晚。现在,我只需要让那追求绝对的渴望尽情绽放,我只需要秉持我对人的简单淳朴的信任感去亲近上帝,不再需要寻找理性的证据。

我该如何描述这个经历呢?先前从未明显感受到上帝存在的我,内心却在开罗贫民窟的一个冬夜体会到他的存在。当时我关在小木屋里试图祷告,突然间,耳际响起一首单调的旋律。一个声音唱着歌,时而突然停止,接着又继续哼唱。我好奇地打开门,看到我的邻居芙姿雅坐在她家地板上,身体紧挨着火堆,那张被丈夫殴打的脸闪耀着光辉。她的丈夫卡依瑞略微识字,在火光照耀下,一句接一句地念着《圣经》福音书的经文,芙姿雅再用歌唱的方式吟唱。她的眼睛直直地盯着趴在地上做功课的儿子桂尔贵斯。我和她向卡依瑞争取到让桂尔贵斯去上学。她的眼神流露出光芒和喜乐。这是何等的胜利啊!她深信是基督,那个她吟唱爱的讯息的基督，帮助她救了她的孩子。芙姿雅不像我读过哲学、神学、宗教，什么都没念过的她却知道自己被上帝眷爱，她充满信心，非常确定上帝的存在。我回到木屋祷告："神啊，请赐予我一颗和芙姿雅一样的心！"

合乎理性的赌注

是的，但头脑是如何顽强地抗拒、闭口不作声啊！我的理智丝毫不善罢甘休，持续呐喊：如何能够相信？我并没有像帕斯卡一样，在某年11月23日的夜晚，感受到上帝充满他内心时的火焰——如我们所见，帕斯卡后来为此写了一本《备忘录》。我们甚至对自己，对生命中最珍贵、最刻骨铭心的人都会感到怀疑，这是何等可怕！从那时候起，我可以明白为什么上帝不能被理智所了解，然而明白归明白，要让上帝成为我信心寄托的对象可还有一大段路要走……我反复重读《沉思录》中《无限·空无》这一篇，尤其在这几行字句间流连不去：

> 假如有一个神存在，那么他就是无限的不可思议，因为他既没有各个部分也没有限度，所以他与我们也就没有任何关系。因而，我们既不可能了解他是什么，也不可能知道他是否存在……"神存在，或者不存在。"然而，我们将倾向哪一边呢？在这儿，理智是不能决定什么的，有一种无限的混

祂把我们隔离开了。

非赌不可……你已经上了船。【9】

帕斯卡这个著名的"赌注",实际上并不像人们以为的那种有如走在剃刀边缘上的危险,它不是在计算得与失,更不是虚伪的考量和思虑,诸如"如果神果真存在,那么我赌就能赢得全部,即便他不存在,我也没输掉任何东西"这类的算计。事实上,赌注就包含在信心里头,这个赌注就是两个经过思考的信心:当你自知无法了解神却仍愿意相信他,当你自知根本无法断定神是否存在却仍愿意相信他。对于人,因为有信心而益发确信神的存在,理智根本无法了解也无法证明。

是亚伯拉罕的神,是以撒的神,是约伯的神,而非哲学家和学者的神。这是确实可信的事。这是确实可信的事。【10】

然而,诚如帕斯卡所阐明,理智对于自己的束手无策,却能够描写,并解释得淋漓尽致。这时,理智揭露了自己无法掌握。理智知道真正的人性经验超过自己的能力和范畴。换言之,相信某样东西并不代表就是"丧失理智",或是跟理智作对。对自己无能为力的分析和阐述,是一个确确实实的理智的行为。还有:

最符合理智的,莫过于对理智的否认。【11】

活着,为了什么?

信心是超乎理智之上的，而不是与理智相反。[12] 这个赌注是一个合乎理性的赌注，但却不是理智的成果。

仁爱的神

帕斯卡这段长篇幅的阐述和推论，不论是标题"无限·空无"或内容，都深深吸引了我。很奇怪，这些话语在我内心引起许多共鸣，仿佛它们神秘地掌握了长久以来纠缠着我的谜的钥匙。幼年以来，我深刻体验过"空无"这个词语所蕴涵的苦涩真理。对于一位小女孩来说，那代表她的父亲。没有任何东西，凡事都无法持久。我们所钟爱的人的眼睛、脸庞，从此消失得无影无踪。伏尔泰有过精妙的诠释：

> 我们进入，我们哭喊，这就是生命。
> 我们哭喊，我们离开，这就是死亡。
> 一天欢欣喜乐，一天忧伤哀悼，
> 一切都在眨眼之间结束了。

唯有无限可以填满人的内心，唯有无限可以回应人的空无。因此，我下定决心，我要下赌注在这个以色列的神、耶稣基督的上帝上，关键是要去爱他的独一无二的上帝。"以色列啊，你要听，耶和华我们的神是独一无二的主。你要尽心、尽性、尽力爱耶和华你的神。"(《申命记》6章4节）我要赌的乃是：

> 一个仁爱与慰藉的神……充满人的灵魂与内心的神。[13]

我终于被带回到童年时期，回到我对死亡和生命脆弱最深刻的体验。我终于还原到童年时期，还原到财物和力量的匮乏；我终于还原到童年时期，还原到无能为力的理智的缴械投降。这时我终于能够敞开心扉，我那如饥如渴的心灵，让无限得以进来。然而，这个无限与精神的广袤视野一点关系也没有。这个无限是属于爱的范畴。上帝不仅是一位隐蔽的上帝，他也是而且首先是，一位仁爱的上帝。这带给人多么大的慰藉啊！因为参加了帕斯卡的赌注，我被带回到我自己，带回到我的身份。我变得更年轻，重新找到了我那如泉水般简单朴实的孩童心灵。

> 智慧把我们带回到童年，若不变成小孩子的样子。(Nisi efficiamini sicut parvuli.) [14]

"你们若不回转，变成小孩子的样子，断不得进天国。"(《马太福音》18章3节）

正是在这样的精神状态下，62岁的我，在一个晴朗的秋日出发前往贫民窟，去过那些遭到掠夺、被剥夺物质和精神享受等所有权的男男女女、老老少少的生活。分享他们的生活，意味着分享他们的贫穷。那一天，我将我的书分给他人，烧掉所有的笔记本。我过去钟爱的书本，以及那些何其珍贵的笔记本：我曾经为它们付出多少努力，曾经积累了多少知识啊！从此以后，这些财物对我一点儿用处也没有。我看着火焰熊熊燃烧，那不是焚烧祭品的火焰，而是一把解放之火。前进，以马内利，去吧！两手空空地到那群身无一物的人那儿去吧。

我终于要去体验孩童的心灵，带着单纯、透明，不会老是眷恋自身的眼光。孩童的比喻指的是一种状态，而不是年纪。孩童还不懂得欲念，不会无意识地、贪婪地想要占有乐趣、占有他人，而是充满信赖地、质朴天真地将自己敞开、呈现出来。这个状态不取决于或长或短的时间，它会显露在体验过人性固有的软弱和无能的人身上。物质的占有不过是虚荣、空无！不论是虚荣浮华之物或是拥有理性推理的理智，这些都曾经让我为之心荡神驰！它们曾经是我的骄傲。

我终于要活出孩童的心灵，走出怀疑和消遣的漩涡，并填满它们在我内心创造的空虚。我细细地、从容地回顾了我生命历程的不同阶段。我发现，每当我朝奉献和分享的方向走去时，那压得我透不过气来的空虚就会松开来。当我进初修院时，我想要拥有绝对。然而当我脱下雅致的衣裳，换上黑色长袍，戴上用丝带连起来的黑色软帽和黑色面纱时（这对一位爱漂亮的女孩来说，可说是再滑稽不过的装扮了），我内心涌现了一股不可思议的解放感。最神奇的是，虽说肉体上的冲动没有因此完全消失，我却不再被它所控制。我不再受冲动的主导，并且从那时候起再也不曾发生过。我仍旧是原来那个渴望体验所有欢乐的人，然而这些欢乐不曾再战胜过我。怎么可能呢？举一个相反的例子，我教书的那几年，在知性上获得了很大的满足感，这正好与孩童的心灵背道而驰。无意识地，我退缩到我自己身上，最后得到的只有一箩筐的苦涩。然而我真正体验到解放，却是在准备出发前往贫民窟的时候。

此时此刻，我看着那高傲、渴望保存一切、占有一切的书写，在熊熊火焰中噼啪作响，瞬间消失殆尽。我的笔记本上一页页满满的书写充分显露了我的优越感。我的优越感是否从此消解湮灭在大火之中了呢？偶像是相当顽强不屈的！理智、知识、外表、权力、物质等诸位女神很快就能浴火重生，化身为另一个人人崇拜的对象。

以马内利，小心看管你自己，小心看管你的心灵。让你在贫民窟的匮乏生活中，在远离你自我中心的虚幻得意中，变得更加坚强和稳固。别忘了，记忆是多么容易失去！没有什么东西是比回忆更脆弱的了。所有这些解放的时刻就像香水一样，珍贵但娇弱，才刚闻到马上就蒸发掉了。那些努力不懈地想成为孩子的人是幸福的！他们让自我获得解放，并且将自己交托给无限的爱。

活着，为了什么？

注释

【1】《沉思录》213 页。

【2】《沉思录》194 页。

【3】《沉思录》206 页。

【4】《沉思录》214 页。

【5】《沉思录》121 页。

【6】《沉思录》128 页。

【7】《沉思录》127 页。

【8】《沉思录》128 页。

【9】《沉思录》114 页。

【10】《备忘录》43 页。

【11】《沉思录》127 页。

【12】《沉思录》126 页。

【13】《沉思录》207 页。

【14】《沉思录》127 页。

第五章　爱的行动

对我来说,帕斯卡思想以及所有人类历程的高峰,是位于第三个范畴——爱的无限范畴里。事实上:

> 所有的形体合在一起,所有的精神合在一起,以及所有它们的产物,都比不上最微小的慈善行动。那是一种属于更加无限崇高的范畴。[1]

让我们在此稍作停留,先仔细看看这段文字所呈现的强势风格。"所有"这个词用了三次,更因两次"合在一起"被进一步强化。它将物质事物和精神事物的完整面貌,以及所有它们的产物的广袤版图展示在我们面前。这是天秤一边的模样,另外一边则是,"最微小的慈善行动"。嗯,你相信吗?竟然是最微小的慈善行动这边天秤的重量更重!帕斯卡的天分在这个超越对比的文字游戏中一览无遗,他使用了强烈惊人的表达方式。即使如此,我们的眼睛也不应该被曼妙又严谨的语言给蒙蔽了,我们应该进一步追问:爱以及爱的范畴是什么,竟然能够无限地高过所有一切？

爱不是什么

我想，我必须先尝试说说爱"不是"什么。这儿说的爱、慈善，不属于情欲和感情的范畴。"我爱你"是可以用不同腔调、各种语言、带着或多或少的信念和诚意，低声细语或咕哝呢喃，或是高声吟唱的一句老生常谈！这个爱的感觉确实加速了心脏的跳动，让我们激动澎湃，但多半局限在第一个范畴，也就是物质的范畴里头，在感觉、享乐甚至控制的冲动层面。然而这个感觉是如此强烈，尤其是世界共通的男女之间的相互吸引。对此，我有所体验。我当时大约30多岁，还是个年轻的修女，疯狂地迷恋上一位老师。不知不觉中，这份迷恋不断扩大，有一天终于爆裂开来。关于爱这个棘手的议题，曾有多少人找我倾吐秘密啊！不久前，一位迷人的年轻女子才跟我说："我的脚不听使唤地朝他走去！"

  想充分认识人的虚荣，只消考虑一下爱情的原因和结果。爱情的原因是什么我不知道（高乃依，Corneille，1606—1684），而爱情的结果又是令人难以置信的。这种我不知道为什么是微小得我们无法加以识别的东西，但却动摇了全国、君主、车队、全世界。埃及艳后的鼻子如果短一些，大地的面貌都将改观。[2]

第五章 爱的行动

至于我的老师，他的鼻子长得普通平凡，一点儿也不特别。应该说，他面貌俊秀，尤其绝顶聪明。关于我对他的爱慕，他一点儿也不知情，我们之间从未发生任何关系，然而这个短暂的火花却在我内心烙下深刻的印痕，以至于在进入修女生活 50 周年的"金婚"纪念日，那时我好歹也有 70 岁，我收到一封信，立刻认出是他优美的字迹，而……我的心瞬间怦怦地跳个不停。信，我读完后就扔掉了。

这种眷恋之情之所以不是一种慈善行为，并非因为它的力量强大，而是因为我们所有的爱，就连那些看似无缘无故也不求回报的爱，都沾染上某种占有性。对某人所拥有的感情和欲望本身就包含占有的意愿："即使毁了你，我也无所谓。我要你，我要把你给吃了。"通常我们谈到性爱关系时，不是都说某某人"占有"、"控制"了某某人吗？有谁在男女感情的关系上不曾有过争风吃醋的经验，即便是相当轻微的程度？有谁在情感的关系上，不曾有过短暂瞬间的"为"另一方甚至"代替"另一方的期望呢？存在于父母和小孩之间的关系也是一样。某些父母自以为是为孩子好，让自己变成凡事都要管的暴君，插手干预儿女的婚姻生活、教养小孩的方式或是试图排斥女婿或媳妇，好保有对自己"心肝宝贝"的专属权。仿佛爱只不过是关于繁衍的问题，是家谱的问题，是肉体的问题！

最令人不满意的是婚姻生活。夫妻之间有时和乐融融，更多时候却是龃龉不合。当然，男人和女人爱人的方式向来有着很大的差异。然而，每个人都期待按自己的方式被爱，每个人都希望另一半能够对自己的期待作出回应。因此，许多爱情关系不过是一些从自身出发并且回到自身的行动。

那么，慈善是一种相反方向的行动吗？我们必须在忘却自我、否定自己的期待和欲望之中才能发现慈善吗？有人跟我提到牺牲，我觉得好笑！当我们爱人时，没有牺牲，只有心不断在增加和扩大。牺牲仍旧是一种纯粹的自私自利。当一个人自称是在牺牲自己的时候，只是在将自己打造成偶像、一个伪君子的英雄牌坊，以博得他人的称颂赞扬。

我们能够将爱情和情感及欢乐完全分开来吗？当然不可能！那么我们可以将它们混为一谈吗？也不行！根据帕斯卡所言，我们永远都要学着分辨，但不要排除。同时，我们要再次强调，对物质和精神的范畴，对肉体和思想的范畴，既不要藐视也不要高估。帕斯卡告诉我们，但愿每一个人都：

> 学着估计地球、王国、城市以及他自身的正确价值吧。[3]

别忘了他也曾经说过：

> 思维形成人的伟大。[4]

只有当所有的形体合在一起、所有的精神合在一起，以及所有它们的产物,不是被恰如其分地使用或是被高估的时候,才会变得危险。这儿指的是,把这句古老的格言应用在它们身上:我拥有,但不被占有(Echo, ouk echomai.)。

爱是一个行动

同时,真正的爱与退缩正好相反,真正的爱并不会惧怕那些被视为迷人诱饵的肉体、感情与知性。只有当我们正确评估物质和精神的价值时,才有能力了解"最微小的爱的行动"是经过了什么奇妙的跳跃,得以和物质、精神拉开了距离。

> 巴比伦的河水在奔流,冲刷而下,席卷而去。啊,圣锡安山,在那里一切都是稳固的,没有什么会掉落。必须坐在河水之上,不是在其下或其间,而是在其上……只有在其上才能稳固。【5】

爱的范畴并不是物质和精神范畴的对比,它超越它们、承担它们,在它们之上,而不是和它们对立。爱的行动不会将我们拖入世界的漩涡之中,不会迫使我们臣服于它的迫切需要。它永远不会坠落,它向上升扬,将我们带到"更加无限崇高"的境界。

我们不都曾在生命中经历过某些时刻,幸福洋溢地叹口气说:"我一点都不了解!"这指的可能是某个日常生活事件,其发生的原因和产生的结果都远远超过了我们的理解，也可能是某个特殊的时刻，天仿佛要撕裂开来了。不管是哪一种情况，我们发现自己面对的是一个未知、神秘的世界，是在我们之上、缺少一些日常变数的世界。我想到著名的诺贝尔奖得主莫诺（Jacques Monod, 1910—1976）。他曾经在一场通过电台播送的研讨会中充分展露了他的聪明才智。主持人随后问特蕾莎修女对这个精彩的科学论证（理所当然地，上帝在那儿是"缺席"的）有何看法。她只简单回答："我相信爱和慈悲心。"后来莫诺坦承，这个回答让他大为震撼。在他的内心深处，他突然看到，不论科学多么优越，仍然落后爱和慈悲心好几光年的距离。对我们而言亦然，而且与宗教信仰无关——我们每一个真正爱的经历，不都让其他一切相对地变得渺小了？

有好几次，慈善行动让我感到震惊，特别是其中两次经历。首先是在伊斯坦布尔。当时我还年轻，染上伤寒，整个人憔悴虚弱不已，正往坟场之路前进。自布鲁塞尔赶来的生母及我属灵的母亲——负责整个修会的上级，两人轮流照顾我。让我沐浴在她们的柔情里，激起我战斗的力量；锡安修会的姐妹为我捐了三次血。我因为爱重新拾回生命。

很久以后，我造访苏丹喀土穆一所由特蕾莎修女成立的养老院——"等待死亡的场所"。突然，一名濒临死亡的老人拉住我不放，使出最后的劲紧紧抓着我的手臂，脸因咧嘴微笑而扭曲不堪。他等待一个最后的爱的拥抱，但是我，我要窘愧地承认，我当时就

第五章　爱的行动

僵在那儿一动也不动，整个人因惧怕而呆滞了。这时房间另一头的帘子拉了开来，一位穿着蓝色罩衫的修女一手拿着一瓶水，一手拿着杯子，俯身探向一位看起来昏迷不醒的妇女。这个可怜女人，在被人从垃圾堆里抬出长满了蛆的身体之后，就一直躺在那儿。那位修女脸上挂着无限温柔的笑容，用水湿润妇女的嘴唇。这个谦卑的爱的动作让那可怜的女人浑身打战，饱受疼痛的脸散发着光彩。我感到自己也被"无限提升"，升高到超越了死亡，超越了我的惧怕的境界。我转身俯向那个垂危的老人，献给他热情的笑容。垂危老人激动得全身颤抖，松开了手，脸上也露出笑容。就在那一刹那，瞬间化为永恒。

有多少次我欺骗自己，用很美、很柔的爱的字眼来形容一些不过是娱乐，或是我自己想象的寻觅，或是伪装的自私自利行为！没错，我把生命献给上帝及不幸的孩童。然而，我的许多精神上的活力，实际上不过是一种情绪发泄，我的许多虔诚的行为不过是自我满足！我做的许多公益事业不过是实现我对行动的饥渴、表现我热情的个性！我的许多慈善行为不过是关心我个人的成长，在乎我的外表！我那么努力追求——通过我的精神和我的手所成就的事——希望成为……一个典范。哦！是的，自我中心就像是钻到水果里的虫一样，巧妙地滑入我们最崇高的憧憬之中！

我第一次遇到皮埃尔教士[1]那天，灵光一闪地对自己有了更

---

[1] 皮埃尔教士（Abbé Pierre）是法国家喻户晓的传奇人物，被视为法国良心的化身，毕生致力于救济穷人、流浪汉和边缘人。他于1951年成立以马忤斯（Emmaus）基金会，专门回收转卖旧衣物和家具，将所得用来进行慈善事业。

多了解。那时他还住在位于巴黎东部沙朗通（Charenton）的总部。我去他办公室看他，地方奇小无比，只够放两张椅子，堆满纸张。那时我因贫民窟的初步改善而雀跃不已，有赖莎拉修女及高效率的埃及团队的努力，我们成功地控制住破伤风，盖了第一所学校和诊所，还带贫民窟的小孩到苏伊士运河参观。皮埃尔教士默默地听着我得意洋洋的故事，随后看了我一眼，只说了一句："其他人呢？"我当场领悟到，在我因自己的成功而欣喜若狂时，我抹杀了那些仍深陷困境的人的悲剧。我的眼光应该注视着那些人，而不是个人的成功！我是真的关心孩童的幸福，还是或多或少寻求身为一项大工程的团队领导的欢乐呢？这个问题其实一点意义也没有。我立即了解到，我们永远不可能将个人兴趣和对他人的爱划分开来。

让我们再说得更深入一些。纯洁无瑕的行为，百分之百没有动机的施与，可能吗？答案是否定的。我们的天性会主动寻求个人的全面发展，它蕴涵了享乐和占有，以及自我吹嘘的渴望，同样也包含了给予、服务、同情他人的冲动，所有这一切都交织纠结在一起。我认为，最理想的状态是，努力发展一个同时结合个人幸福及他人幸福的事业。以马内利，不用绞尽脑汁去想了，不要被自己的矛盾给搞糊涂了，试着忘掉自己吧。试着接受自己，你是用伟大和可悲捏出来的凡人。就老老实实地接受自己本来的面貌吧，从你的缺点和优点中汲取较好的一面。然后，走吧，前进去服务他人！

第五章　爱的行动

爱是生命的奥秘

因此，真正的爱，纯度百分之百的爱，从来就不会出现在某个行为当中。爱，不如说是我们行为和生命一种可能的方面。这是多么惊人的一个方面啊！爱是人生命的一部分，能够从内部超越整个生命。是爱让生命有了意义。你在为生命寻找意义吗？问问你自己可能去爱的人是谁，又该如何去爱他。爱人是一个飞跃的冲力，能把我们带到我们之上及一个安全地。生命中涌现的爱有如炉膛里突然迸发的火花：让一切事物变得鲜明生动，但也可能把整座房子都烧毁。爱是我们生命的奥秘。

爱是奥秘，既不在此地也不在彼处。爱是奥秘，因为它是"行动"。爱是行动，因为它是关系。关系，不会让人去抓住它、支配它、占有它。关系，不属于你也不属于我，而是存在于我们之间的谜，是每一个人走出自我、朝向他人的相互行动。

从这时候开始，就会有爱、更多的爱和愈来愈多的爱。某些人——虽然不多见——能够进入他人的习惯和方式，但这绝非易事。基本上，凡人彼此之间就存有差异。差异性在男人和女人之间尤其清楚可见，但所有的人际关系皆然。爱人，就是学习倾听他人的差异。爱是一种会在自己内心引起回荡的聆听。这时我们会敞开心胸，接受他人用另一种不同的爱人的方式给予我们的东西。当你懂得倾听与你不同的人的倾述时，就能吸纳一个原来不属于你的视野到你的内心，我们将永远不同。他人，你没法改变，但你的视野，是的，你可以改变。他人会有什么感受？有什么期待？我又能给他什么东西？爱，是我提供给他人来"补充"他生命的东西，但要按照他想要的方式，而不是像我自己想象的那样。反之亦然，爱是他人提供给我来补充我生命的东西，但是用我的方式。那些彼此相爱的人处在各自有不同的体验、彼此有差异的关系的奥秘里。

　　我坚信，每一个人都很清楚这一点。我也坚信，每一个人对这个奥秘都有足够的认识，至少有所期望。我从对上帝的信心汲取我对人的信心。实际上，我给了这个奥秘一个名字和一张脸：神就是爱（《约翰一书》4章8节）。《圣经》福音书里这句凿凿之言，是我亲身体验过的。在我与活的神所具有的活的关系里，我冥想着他爱人的方式。为了与我们产生关系，他化成肉身。神热情地爱世人，但他是用人的方式来爱人，是用人的方式来对人说话，来回应他作为人的期待。他爱我们，但不把我们拉出人的状态，而是他自己来屈就人的状态。我必须承认耶稣说得非常正确：我怎样爱你们，你们也要怎样相爱（《约翰福音》13章34节）。只有当我们用耶稣的方式来相爱时，我们才是真正相爱，才是真正认识了第三个范畴：慈善的范畴，爱的范畴。

　　　　要懂得人是无限地超出自己的……聆听神吧。[6]

第五章　爱的行动

当神用这种方式爱人时，他是否迷失自己、牺牲了自己？不然；他更是实现了自己的本性，他的身份。神就是爱。神就是关系，是无限的、永恒的关系。那么我们呢？当我们爱人，当我们经历任何微小的爱的行动时，我们是否会迷失自己，人性是否会因此减少？正好相反，我们的生命因此找到了存在的意义。在关系的奥秘里，我们从我们自身脱离出来，产生了一个新的生命。人只有带着神的形象时才最具有人的样子。在这个观点下，每一个人的慈善的行动——那些完完全全、充满人性的行动——都属于我们生命里"人神"的根源。这个"人神"根源从生命内部去灌溉所有与之相反的东西。我们是由爱和暴力、关系和占有、自我超越和想象等许多不同纤维纠结盘错而成的网络。因此，让我们警惕自己，千万不要夸口说自己真的在爱人，说自己爱人爱到极点！尽管如此，横亘在可悲的人和无限的神之间的那道巨大鸿沟，在每个爱的行动中被顺利跨越了。"我们若彼此相爱，神就住在我们里面。"（《约翰一书》4章12节）

在我们充满吊诡的人性里——它既是宇宙的荣耀也是残渣——存在着让人发光发亮的奥秘。即使是一个再微小的爱的行动都意味着新生命的诞生。爱就像是新生儿不断重新吐露的新气息，是我们生命的吸气和呼气。爱就像风一样，纤细轻薄，不可抓捏。"风随着意思吹，你听见风的响声，却不晓得从哪里来，往哪里去。凡从圣灵生的，也是如此。"（《约翰福音》3章8节）爱的气息一吹过，那被黏在感性、物质、知性的欢愉之中的内在的翅膀，心的翅膀，将获得释放。我们内心的某样东西铺展开来，我们将达到真正的人性高度。这时，我们生命的意义，一个不是来自外部但也不是自身创造出来的意义，将引领我们。

我们最最普通平凡的行为不过是表面上看起来普通平凡而已，实际上，这些行为就像镜子，反映了神永恒的爱。它们不仅反映了神永恒的爱，而且与它同一属性。给人一杯水，"最微小的慈善行动"，胜过物质财富的积累，宇宙的浩瀚，科学、哲学和宗教学体系的庞大繁复。在这道卑微、隐蔽的亮光面前，城市的霓虹灯、文明的灯塔、财富的璀璨光芒都黯然失色，并且回到原来的真实面貌：小灯泡，不过是一些小灯泡而已。

而我呢，我这可怜的女孩，相较他人，我对自己的伪装和掩饰拥有多一点点的自知之明，但却也永远不够清醒明白。我看着世界，在95岁之龄试图聆听世界的声音，真正的声音，它那属于无限、永恒的声音。我嗅到巨大的爱的气息，我看到它在世界五大洲施展和运作。我在世人简单的日常生活中看到它，也在疯狂的计划中看到它。我在最简陋的茅屋中看到它，也在国际组织的宫殿中看到它。我听到"以马内利修女之友协会"的专职人员从世界各角落带回来的见证。我每天都收到许多信，告诉我有关生活的负荷和伟大。我在各地看到男女老少，不管用什么方式，决定将自己的时间和精力用来帮助想要去爱的人，并且用被爱的人想要的方式去爱他们。人类文明及我们每一个人的生存全有赖于它。如果没有爱，今天的我们会是什么样子，未来的我们又会变

第五章　爱的行动

成什么样子？

因此，让我们看世界光亮的一面，到处闪烁着爱的火花。世界不再如此阴晦、被黑暗所覆盖。整个世界的面貌都改变了。

注释

【1】《沉思录》292 页。

【2】《沉思录》95 页。

【3】《沉思录》65 页。

【4】《沉思录》149 页。

【5】《沉思录》180 页。

【6】《沉思录》173 页。

第六章 "一切是一，每一个都在另一个之中"

截至目前为止，我们不断地强调人具有的矛盾方面：伟大和可悲。现在我们需要用另外一份辩护词来试图了解（拉丁文是comprehendere，意思是用统一的观点去作整体的掌握）复杂人性中相互矛盾的组成要素。事实上，人内在的二元性最终化为一个奇特的一体性。

繁复错综的一体性

现阶段的我们不但不缺乏，反而可以说是执迷于关于人性晦暗和"失败主义"的讨论，例如世界充满暴力，人无度追求享乐，家庭关系分崩离析，许多人的生活愈来愈悲惨云云。电视上不断播放的影像据说都是千真万确。但是，请小心！这些影像呈现给我们的，难道不是关于地球一个简化的、整齐划一的——我甚至要说是，铁板一块的——视野？所谓的事实里，难道没有包含更多的复杂性？世界上难道不存在着一个"和平地带"，在那儿欢乐是有节制的？世界上难道没有齐心协力对抗贫穷和疾病的团结家庭？有人责怪我老是强调那些……乐观积极的方面，但我认为我们不需要再在既有的伤口上钉钉子，因为早有许多把锤子在那儿大肆敲打了。

无论如何，我希望试着找到一个能够同时顾及到不同矛盾的平衡。在此，帕斯卡再度提供给我们一把钥匙：

一切是一，每一个都在另一个之中……[1]

这句话是否和整本《沉思录》有所冲突呢？因为《沉思录》一再强调的不正是人的内部撕裂？我认为恰好相反，我们看到的是帕斯卡思维里的一座高峰。当然，我们只消看看自己：我、你、他、她、我们。我们难道不是奇妙地融合了善与恶？我们之中有谁不曾经历过爱和恨、痛苦和暴力，没有动机的施与和自私自利等种种矛盾的感觉呢？帕斯卡直言不讳地说：

人天生是轻信的，不信的，畏缩的，鲁莽的。[2]

人的状况：变化无常，无聊，不安。[3]

我们当中有谁不曾有过搞不懂自己、搞不懂别人的时候？面对这个不可消除、不可简约的复杂性，我们经历了不同的阶段。我们或者无意识地力图忽视它，闭上眼睛。我们或者力图攀爬通往高峰的绳索，没有注意到绳子很滑。我们必须提防"天使主义"！

> 人既不是天使，也不是禽兽，但不幸的是，想成为天使的人往往变成了禽兽。[4]

我自己就有过这样的经验。很长一段时间不断努力想做到符合我心目中的楷模——圣女大德兰（Thérese d'Avila，1515—1582）的完美圣洁。我和我的缺点奋力搏斗，挫败让我愤怒不已。我敢说这是很典型的例子，我就经常遇到。在我看来，就算是属于世俗世界的道德，比方说法国哲学家孔特－斯蓬维尔（André Comte-Sponville，1952—）提出人的18种美德，要达到完美境界也是不可能的。为什么？因为那意味着人想走出人的状况。我花了好几年才终于明白，在我的内在、我的皮肤、我的身体、我的心、我的灵魂里头，怀有一个有好有坏、有善有恶，全都交错纠结在一起的核心。

关系，身份的源头

然而，仔细一想，问题其实很简单。的确，当我的眼睛只盯着我的肚脐眼看时，他人对我来说就像个陌生人、外国佬、来路不明的外人一样。他不同于我的身份成为一种危险。这时我就会想远离他，甚至除掉他。杀人可以有千百种方式，但总归一句话，就是否定他的身份。相反的，当我能够承认我的生命会因为和他人建立关系而有了价值时，我那发育不良、枯萎干瘪的生命突然之间变得高壮丰盈。

著名神学家潘霍华牧师就是一个很好的例子。他无法忍受同胞受希特勒政权压迫、信念动摇不定时，自己仍耽于巴西的安稳生活。他一返回德国就无畏地疾声批评纳粹主义，因此而被逮捕，关进监狱。他不断听见坐监囚犯的哭号呐喊，他被迫去面对那纠缠、刺痛着他的问题："上帝在哪里？"在被希特勒下令处以绞刑不久前，他写道：

> 我是谁？人们常说
> 我步出牢房
> 自在、坚定、雍容地
> 就像绅士迈出自家城堡一样……
>
> 我是谁？人们又说
> 我忍受磨炼
> 沉着、微笑、骄傲地
> 就像习惯打胜仗的人一样……

我真是人们口里说的那样吗？

还是只有自己心里明白的这个模样

惶惑不安、沉湎于过往，和一只笼中鸟没两样

急于想吸口气，仿佛被人掐住喉咙一样……

我是这般疲倦、这般空虚，甚至无法祷告、思考、创作

我再也受不了，随时准备放弃……

我是谁？究竟哪一个才是真实的我？

是今天一个样子、明天另一副德行吗？

还是我同时具备两种人格……

我是谁？这段独白真可笑！

不管我究竟是谁，你都认识我：

神啊！你知道，我是属你的。[1]

潘霍华牧师在监狱里被剥夺所有代表"属我"的东西：荣誉、财产、尊严，被贬低为"微不足道的人"。然而还有一个更深邃的"属我"，那就是独白、对自我的关注，包括在贬抑、悲惨、矛盾中的我。因此，我注视着复杂、可怜的我。偶像，仍旧是偶像崇拜！潘霍华牧师则在与他者的慈善关系中——"我是属你的"——找

---

[1] Bonhoeffer(1906—1945)《抗争与臣服》(*Résistance et soumission*)，日内瓦 Lobor et Fides 出版社，1967 年出版，第 164～165 页。

到这个两难困境的出口和解决之道。这时，他和深藏在人内心的人性价值中最不受腐蚀的核心合而为一。当他让可怜的蝼蚁生命进入第三个，也就是慈善、爱的范畴时，他找到了"我是谁"这个关键的身份问题的答案。从此以后，"属我"和"属你"契合无间、息息相通，超越了一切对立。

"一切是一，每一个都在另一个之中……"愈深究这句话所蕴涵的思想时，我们愈发现它符合生命中的许多情况。早在两千年前，古罗马诗人泰伦斯（公元前190年至公元前159年）就说过："我是人，凡是人的东西我都不陌生。"当我们稳坐在慈善关系，唯一真实的关系之中时，他人不再是陌生人。他的不同不再代表一项威胁，也不会消失不见。任何试图将差异消解的努力都是虚幻、危险的，与具有统一作用的爱正好相反。在真正的关系里，我还是我，他还是他，但彼此都承认出自于同一肉身、同一血缘、同一个独特的人性，既奢华又脆弱。英雄雕像被打破了！自认是独一无二的真理的捍卫者被打败了！当我们脱掉一切外在变成赤裸之人时，我们变得真确实在。我们终于回复谦卑，成为众人当中的一分子，得以享有亲如手足的兄弟关系。

他人是我生命的转机

关于这个问题，一天当我在喝一杯水的时候，突然灵光一闪，脑子冒出一个念头：我喝的既不是氢（H）也不是氧（O），而是水

（H_2O）！我不片面地认同构成我的善或恶，我是以马内利，一个同时结合善与恶的生命体。从生到死，我都是一个结合体，包含了存在于所有人身上的各种复杂和矛盾方面的结合体。而且这个结合是独特、原创的，不只是所有组成元素的总和而已。

该怎么做呢？我应该认输，不再对抗我的缺点了吗？这些问题在我脑子里翻搅个不停。我再次得到帕斯卡的大力相助，一再深究这个短短的句子："一切是一，每一个都在另一个之中……"这句话帮助我接受了我的原初身份，恶中有善，善中有恶。我是以结合体的身份存在，就像水一样。想要消除我生命里坏的一面，等于是要毁灭我自己。接受我生命里的根本矛盾，就是将阻碍我轻盈雍容前进的苦涩给化解掉，就是带着幽默看我自己。可怜的女孩，你的虚荣，还有你的骄傲和你的自我中心，很快又会重新滋生的。如谚语所言："死后半小时，自爱仍旧活着。"赶快，去关心别人吧！这就是与他人如手足般手牵着手一起活着，一起前进。

圣依勒内（Saint Irénée，公元 2 世纪人物，东正教会神父，以撰写《揭露和驳斥假真知》著名，是基督教史上首位神学理论家）写道："活着的人是上帝的荣耀。"活着，就是超越人根本的二元性，达到第三状态，一种和谐的结合。活着，就是超越我和他人的对立。他人并不是妨碍我身份和我发展的威胁，既不会夺取我在阳光下的位置，也不会吃掉我生存的空间，他人是我生命中的转机。我们总害怕会输掉，但我们赢了。我们总是希望按照自己的模式去统一所有人的模式。我们一直以为必须二选一：不是整个的我,就是整个的你。在这两种情况中,我们都受到"一"的支配。如果根据这个观点来看事情,生命会枯燥乏味极了。人生命的丰富性主要取决于第三状态:不只是你,也不只是我,而是你"和"我,是存在于我们之间快乐的关联,其奥秘远超过所有组成元素的总和。在这种关联里,我们能够看到世间万物所具有的正面价值。这点我可以作证,我与一些杀人犯有近距离的接触,经常在他们身上发现使我更加充实的美、灵魂、爱心的幼苗。

我们对于帕斯卡如何看待世界统一的视野只略知一二。最近的科学研究则出人意料地提供了一些见解,我特别热爱其中两本兼具严谨理性和曼妙诗意的书:《宇宙演化》(*L'Évolution Cosmique*)和《星尘》(*Poussieres d'Étoiles*),作者是天体物理学家休伯特·里夫斯(Hubert Reeves)。他和帕斯卡的思想有着奇特的相似性,此外,他也多次引述帕斯卡。里夫斯表示,一方面,自亿万年前产生的大爆炸以来,最小和最大之间有着不可切割的关联。80种化学元素被散播在宇宙之中,从星系到人身上都可见到。"我们的诞生始于不同星球之间及在浩瀚无际的宇宙中发生的第一个爆炸。"[1] 另一方面,促成一切事物凝聚、结合的原因,不只取决于化学成分之间的一致性,同时还包括一些巨大的吸引力。诚如爱因斯坦所言:"一切吸引了一切。"[2] 面对这个领域,我还在结巴说话的阶段,但这些讯息驱使我去冥想宇宙在其绚丽多彩的多样性中,所呈现的惊人的一体性。

---

[1] H.Reeves,《宇宙演化》,Seuit出版社,1988年出版,19页。

[2] 同上,42页。

除此之外，对空间一体性的沉思，同时也代表了思索时间所具有的一体性：神奇的宇宙演化是在长达 150 亿年的时间跨度中进行的，大爆炸时候的无限小衍生了无限大，而无限大又把我们重新引向无限小："每立方厘米的原子数量达好几百千亿。"人的思想会随着时间而不断改变。17 世纪时，帕斯卡只能通过一只蛆——小小的寄生虫，来分析无限小。

> 一只蛆……那血液里的水，那水里的一滴，那一滴里的蒸气，把这些最后的东西继续加以分割，让（人）竭尽这类概念之能事。[5]

帕斯卡甚至以惊人的先见提出以下论点：

> 因此，一切事物都是制造者与被制造者，是支援者与受援者，是间接与直接，一切都是由一条自然而又不可察觉的纽带所联结起来的，它将最遥远的东西和最不相同的东西都联系在一起。[6]

在这里，我们对宇宙的观点并不止于人夹处在无限小与无限大之中被挤压、粉碎，而是思索宇宙，也就是冥想那条介于一切事物之间的纽带。

帕斯卡以惊人的速度，飞越了第一个范畴，那个对物质和物质一致性几乎无限的观点。他甚至超越了第二个范畴，也就是人靠精神能够凝聚出几乎无限多的概念。最后更上升到第三个范畴，一个更崇高、常驻于永恒之中的范畴。

> 一切是一，每一个都在另一个之中，就像三位一体那样。[7]

我们现在碰到一个可怕的问题。我们的脚突然离开了物质的坚实土地，我们的眼睛抛弃了把世界揭露给我们看的完美工具，我们的精神放弃了那些坚持不懈核对出来的计算。

诚然，在21世纪初出现了令人惊讶的重新质疑和再次讨论。超越科学的范畴成了研究的题材。粒子物理学家陈粲文（Tran Than Van）在接受巴黎《十字报》（*La Croix*）的访问时指出："当前世界的趋势是更靠近精神层面，与20世纪初奉孔德（August Comte，1789—1857）的实证主义为圭臬的情况正好相反……科学不时邀人寻找事物的本质。""寻找本质"正好也是2002年联合国教科文组织（UNESCO）举行的"寻找意义的科学"研讨会的核心问题。面对来自世界各地的与会学者，诺贝尔物理奖得主查尔斯·汤斯（Charles Townes）十分肯定地说："宗教力图了解宇宙的目的。科学力图了解宇宙的本质和特征。宇宙的结构证明了上帝的存在。"在最后一场圆桌讨论会上，得出的结论之一是，"聪明"人可以重新相信上帝的存在。这个"重新"让我觉得好笑。"聪明"的男人和女人相信上帝的存在早有好一段时间了！

冲突则完全是另外一回事了。尽管我对科学界再次掀起一股探索的热潮抱以欢迎的态度，因为它意义匪浅；尽管我祝福法国文豪马尔罗的"预言"能够实现："21世纪会是宗教的世纪，不然就不存在"，但我宁愿承认科学和宗教这两个领域是绝对分离，互不侵犯的。宗教不该去论断或谴责科学，科学也不该去论断或谴责宗教。

事实上，我们这儿谈的上帝，也就是三位一体的上帝，不会因物质或形而上学的推论被发现，而是在更超验的启示中被体验，如同帕斯卡大胆写道："就像三位一体那样。"就算是最聪明的那颗脑袋，也无法理解这一点。在启示的行动中，面纱被拉下了。上帝会亲身向世人透露他们永远看不到的东西，以及他们头脑永远无法创造的东西。"所有的头脑集合在一起"也不能明白这位向我们说话但隐蔽不见踪影的上帝。这儿所说的上帝并非一个模糊的、唯科学主义的神性概念，而是亚伯拉罕的上帝，是以撒的上帝，是约伯的上帝，但不是哲学家和学者的上帝。

我们因爱而团结

尽管如此，我们的理智同样遇到一个问题："一"怎么会是"三"呢？人能够相信理智明白告诉他是不可能的事吗？当我在写这几行字时，眼光不时溜向基督教最著名的圣像画之一，卢布耶夫[1]的

---

[1] Andre Roublev（14世纪下半叶至15世纪前期），俄国圣像画家，所绘制的"三位一体"是公认最著名的俄国东正教圣像之一。

"三位一体"（Trinité）。我从不厌倦凝视这幅画。三位人物的每一位都像是不可抑制似地受他人吸引，脸和手都向着他人。他们看上去好像在一个整体中息息相通：cum-unire，就像不同音符和谐曼妙地集结、混合，会聚成一首交响曲。然而这个相通不会形成一个循环，不会自我封闭。不仅这三个位格之间敞开着一个空间，而且"关系线"也是指向外头，指向世界，指向人，指向看这幅画的我。因为这幅画所呈现的是爱的息息相通，丰富满溢，要被传递出去。启示的根源在于爱，爱是上帝的化身，从上帝涌现而出，爱透过施与和沟通的方式流通。

当人想要试图讲述神时，他的语言就只能是结结巴巴的！但我们是可以谈论神的，因为我们和他很相像。"神说，我们要照着我们的形象、按着我们的样式造人。"（《创世记》1章26节）在我们世人之间，爱难道不会引起一种相通，就像两个人结合成一口气、一颗心那样？爱的奥秘将我们联系在一起，开创出共同的空间，同时又不消除每个人的特性。因此，著名的埃及主教圣阿塔纳斯（Saint Athanase，303—361）说："神化身成人，好让人能变成神。"爱代表了我们参与神性，爱是我们的神性化。我们体验到了互渗共存（circumincession），亦即三位一体中三个位格之间所发生的爱的流通。

在此，经验将冥想和行动这两个表面上看起来相反的事物结合起来。出身法国东部山区萨瓦省，从著名的工程学校矿业学院毕业的艾里克·季雅德（Eric Guyader，1966—），是一个传奇人物。他先是为卢布耶夫神像画深深着迷，长时间地冥想三位一体的奥秘："神是爱的相通、关系、对话……在巴西，人们会跳一种大伙儿围成一个圆圈、彼此互看的西兰达舞（Ciranda）。就像在跳西兰达舞一样，人类受一股三位一体式的气流所吸引。"他的故事并没有就此结束，他去了巴西，与萨尔瓦多（Salvador de Bahia）最贫穷的人分享生命。

神，所有爱的原则、典范和目标，那既是"独一无二"也是"三位一体"的神，只有心才能够理解，只有心才能够领受这个不是我们有限头脑所能掌握的奥秘。一天，当伟大的圣奥古斯丁忙着思考三位一体的问题时，在迦太基的海边看到一名小孩专心做着不可能完成的工作：试图用一只贝壳将海水倒在沙坑里。奥古斯丁自问：我们两人谁更荒谬、更不合情理，是这个小孩，还是自认能够将神装在脑袋瓜里的自己？

最后，如果我们只是把三位一体概括为三者的结合，那么还是完全不了解它的奥秘。在卢布耶夫的画的中央，一个托盘上装了一只献祭羔羊。三位一体的核心是，第二个位格化为人身来分享我们的痛苦，"像羔羊被牵到宰杀之地"。（《以赛亚书》53 章 7 节）当神降世为人时，他知道并承受那表面上看来与神完全相反的人性状况。永恒知道时间，无限知道有限，圣人知道诱惑，生命知道死亡。因此，分裂知道统一。

这是一切和平的源头，是能让我们把耶稣钉在十字架上的痛苦化解掉的平和内心的源头，位于我们最崇高的憧憬和看到我们的卑鄙无耻之间，在我们面对不公正时的愤慨和我们自己的共犯之间，在我们想要以行动去拯救世界的意愿和我们彻底的束手无策之间，在我们精神和心灵的生命以及我们血肉的生命之间，在我们希望得永生和众生万物的死亡之间。在没有融合也没有混淆的情况下，让彼此分隔、屠杀的仇恨化解开来的，是人与人之间和平的源头。

在心的冲动里，在最微小的爱的行动里，人的真实一面（zoon politikon），也就是人作为关系的动物，获得了绽放。（我在上一本著作《贫穷的富裕》中，对这个议题作了更详尽的阐述。）在同一个行动里，人的真实一面，神的形象，同样获得绽放。慈善、爱的范畴无限升高到超越物质和精神范畴之上，不是反对它们，而是它开启了心灵的道路，一条幸福与和平的道路。

注释

【1】《沉思录》185 页。

【2】《沉思录》85 页。

【3】《沉思录》85 页。

【4】《沉思录》151 页。

【5】《沉思录》65 页。

【6】《沉思录》，69 页。

【7】《沉思录》185 页。

结语　泡沫与永恒

这是什么，若用永恒的观点来看？（Quid est hoc pro ater-nitate?）

我这一生当中总是受到那些"让人不断逃逸"之物的诱惑。我为任何像大海泡沫一样闪烁着诱人而虚幻光泽的事物着迷。然而，我们会用大量精力设法弥补我们的空虚、荒谬、匮乏，把整个人投入欢乐的潮流中，投入无休止的自我逃脱中，实在不可小觑！我们何等悲哀，因为这些尝试都是徒劳无功的，注定会失败。欢乐就像泡沫，一经体验就会立刻烟消云散。因此，不满足感在我们内心烙下的苦涩痕迹只会愈来愈深。一切都将逃脱我们的掌握，最后我们连自己都要失去，因为每一个人都要死亡。根本上，我们之所以要通过各式各样的途径来消遣自己，无非是为了忘掉死亡。我们陷入虚无之中：所有一切终将流失，包括我们自己。

如果一切终将流失，但仍然有例外。一旦我们懂得抛却、放弃，开始将身上所有不具价值、与生命无关、虚幻的东西，以及将幻想事物的虚荣统统拿掉的话，我们会看到"不死之物"。当然，对信仰虔诚的人来说，可能是神。但对所有人来说，这代表的是用你自身的活力去对另一个匮乏的呼救作出回应，促使那生命之物得以孵化。竖起你的耳朵，仔细听听你的周围，有谁或什么正期待着只有你才能提供的东西？当一个匮乏能够回应另一个匮乏时，突然之间，全新的东西产生了。这个世界上，诞生了某样新东西。不论是艺术品、科学研究、人道救援，所有这一切都属于那条巨大的链条，在世世代代的岁月中，产生真正属于人的生命。而……谁知道呢？人际的友谊关系也可以是这块肥沃多产的土壤。

在此我希望谈论的是友谊，而不是爱情。友谊，如亚里士多德所定义，实际上是无私行为的果实。友谊里的爱人，是在为他人利益而不是自己利益着想这个前提下，去期望和行动。因此，友谊是爱情当中超越贪婪的部分。我们是物质、肉欲的动物，这是永远摆脱不了的事实。在我们体内有一种想把一切都吃掉、把一切都用尽、把所有物质和精神事物、所有人都占为己有的欲望。我要再次强调：没有纯洁无私的关系，没有纯洁无私的爱的行为。我们的行为、我们的关系里，总是包含了一部分的利益和占有性。

同时，在我们的行为和关系中，也具有无以名之、不求回报的部分。在走向他人的过程中，在真正的友谊里，揭露了那永不消退、逝去的事物的奥秘，我们自己的永恒的奥秘。因为"神就是爱"（《约翰一书》4章16节）：他，永恒的神，无缘无故地给我们。事实上，神是如此地爱世人，"甚至将他的独生子赐给他们"（《约翰福音》3章16节）。神把自己给了世人，他是人的朋友。这就是为什么一切都将如过往云烟、一切有如物换星移，除了爱。"爱是永不止息"（《哥林多前书》13章8节）。

神的爱，在人的生命当中具体化了。我们体验的所有微小的友谊行为都有如小小的珍宝。就像钻石一样，友谊是经过考验和琢磨才锤炼出来的；就像钻石一样，友谊也是无法摧毁的。因此，当我们将离开这个世间时，我们的一部分会消失，但大量的友谊珍宝将塑造出我们永恒的形象。有些人已经拥有这个永恒形象的雏貌，他们的眼神充满了爱，他们的注意力理所当然地放在遇到的人身上。在这个经常实践的走出自我的行动中，他们摆脱了虚无和有限。这些人是永恒的见证人。遇到他们时，我们可以感觉到，我们内心所拥有的真正属于人的一面并不会死去。至于我，对于那些在我父亲过世后，教导我爱比死亡更强大并且带着永恒种子的人，我心存万分感激。

面对生命意义的问题："活着，为了什么？"我们摇摆于两个无限之间。在此番思索临近尾声之际，我认为我们并没有在无限大和无限小之间被挤压、粉碎掉，毋宁说是被迫去体悟到，在我们的生命中，试图逃遁不过是掉入一个没有出路的无底深渊，而爱的奥秘有如广袤无垠的大海。事实上：

> 随着我们所具有的光明愈多，我们发现人类的伟大和卑贱也就愈多。[1]

既然希望避免我们的软弱和局限,也就是对我们人性状况的否认,那么,该怎么做?没有什么比"天使主义"的诱惑更糟的了!既然一切事物,包括最美丽、最伟大的事物,以及最精神性的事物,都能够被扭曲成为消遣、娱乐,我们该怎么做,又该转向哪一边呢?既然:

> 任何东西之于我们都可以成为致命的,哪怕那些是造就出来为我们服务的东西……假如我们用得不恰当的话。[2]

依我之见,要用得恰当,就必须避免走上两条歧路:不要受事物、财产、人和我们自己的光彩外表所迷惑,不要因为它们的虚无而绝望。这两条路都会将我们牢牢套住,让我们丧命。如果不可能取中间之道而行,我们至少可以超越它们所处的进退两难之境,上升到无限高之地。帕斯卡教导我们如何迈向第三条道路。只有当我们把生命的重犁挂在一颗星星上时,犁才会飞上天,同时把我们从虚无中拉出来。这颗星星就是爱的星星,这条道路就是心的道路。正是第三个——心的范畴,赋予我们生命的意义和永恒的重量。只有爱能够让我们带着我们的伟大和我们的可悲,继续活在喜乐之中。

最后,我建议读者朋友们尝试去分辨,并作出选择,加入这个爱的行动。你想走出空虚找到生命的意义吗?就从用"永恒"的尺来衡量"现在"开始吧:某个你所觊觎的东西,某个你所欲望的他者，某个快乐或痛苦的事件。我希望古老的拉丁格言对你有帮助，就像它曾经帮助过我一样："这是什么，若用永恒的观点来看？"这个问题一问，你马上可以拉开一个距离，将各种情况都纳入考量。这时你可以分辨出事物的暗处和明处。某些目标将显露出原貌，你会发现那些完全是空洞、无意义的；另外一些目标则会闪烁出以往一直被隐藏的光彩，因为你看得到它们爱的一面。

光是"看"还不够，还得"作选择"。如果说爱的领域是无限的，却有赖于每一个人，有赖于他开放的能力，有赖于他的决定。每一个人都有独特的爱的使命。爱的形式不是相同的，每一个人会用自己的方式，在个人生命所确定的条件下来体现爱。因此，生命没有一个单一的、普遍的、对所有人都有效的意义。爱也没有秘诀。爱是一项个人的赌注，爱是多种多样的，爱是我们自由真正的果实。

我们必须在欢乐和幸福之间作一个选择，必须在泡沫和永恒之间作一个选择，必须在贪婪和友情之间作一个选择。小心！这里指的不是极端、最后的选择，而是一种方向。我们要倾向哪一边？我们永远会一再寻求返回自身。我们在世间永远不会走到爱的尽头。我们必须一而再、再而三地选择爱的方向。有什么关系呢？我们一旦领略到任何微小的爱的行动所带来的解放，生命的路途将不再如此痛苦。我们知道，躲过欲念的恶性循环是可能的；欲念就像是一个往下旋转的螺旋，不断地将我们带到出发点，但一次比一次低。当我们被心的羽翼升高时,我们的软弱就不再是难以承受的沉重了。从永恒的观点来看,这些鸡毛蒜皮又算得了什么呢?从我们生命的真正价值,也就是爱的奥秘来看,我们所有的苦难都不算什么。

注释

【1】《沉思录》176 页。

【2】《沉思录》189 页。

贫穷的富裕

Richesse de la pauvreté

前言 贫穷与富裕的吊诡

1993年,在开罗三个贫民窟待了22年之后,我离开了这个世界上最贫穷的地区之一,回到了欧洲。在贫民窟的工作非常辛苦,成效也不大,住的是用旧桶罐搭建的简陋棚屋,既没电也没水;然而,气氛却是欢乐、轻松的,有时甚至还可以说是兴高采烈的。

回到了富裕国度的安逸舒适里,突然之间,我面对的是一种潜伏的不满足感——到处只听到埋怨憎恨的声音,开销、政府、交通、汽油、学校、小孩、配偶、薪资、工作,这些议题接连不断地一再被提及,并且引发了社会阶层从上到下的抱怨与罢工。"地铁、工作和睡觉",这句老掉牙的口号,一点也没失去时效性,对许多人而言,他们的生活似乎除此之外,别无其他。

当然,我也目睹了一些让我极度愤慨的悲惨景象:终日浪迹街头的游民,来自破碎家庭的苦闷小孩,遭配偶遗弃的人,失业的人,等等。没有任何人敢说自己永保无虞。尽管如此,法国再怎么说都是欧洲自1950年以来经济增长最快的国家,国民平均生产总值从4万法郎增加到了15万法郎!动辄爱发牢骚的法国人啊,难道这对你们来说真的还不够吗?

这时，我面对的是一个极度吊诡的问题：开罗捡破烂的穷人啊，你的安然自在，从何而来？欧洲的富人啊，你又为何不快乐？

对我而言，这简直是一场天大的悲剧。欧洲和富裕国家的人民，竟然无法享受他们生命的喜悦；相反的，生活在最最贫穷地区的人们却能够喜乐欢畅，分分秒秒因自己的存在而快乐。

我脚前是一个看不见尽头的无底深渊。世间每个人都在追求幸福，但幸福究竟在哪儿？难道贫穷是一种富裕，富裕反倒具有毁灭性？难道唯有贫穷能够成就幸福？不可能！这一切缺乏逻辑，根本站不住脚。

此外，这个问题也像一把回力镖，最后又掷回到我身上。难道我碰巧是那种专门宣扬在俗世要安贫、要放弃浮光掠影的财物以获取永恒幸福的修女？"我的弟兄们，让我们因在世间匮乏而赢得世世代代、永无止息的富足！"或许更糟的是，难道我把贫穷当成我生命的营业资本，仿佛贫穷是证明我之所以存在的理由？

当然不是！贫穷是我这一辈子在世界各地奋力对抗的丑闻！

不公平的源头在哪儿

我记得自己还是个年轻的修女时，主动要求被分派去帮助陷入困境的孩童。我怀着高度热情接受了生平第一项任务，到土耳其伊斯坦布尔锡安中学的附属小学，去协助那些贫穷小孩。在班上，我们有一个取名为克丝特的洋娃娃。我欣喜地看到克丝特成了我班上那群小孩效仿的对象：我们一块儿帮她洗澡、梳头、穿衣。每天，这些小女孩全都梳理得干干净净地来到学校，就像克丝特一样。那些就读中学、出身富裕家庭的学生，也捐给我不少衣物和生活用品。我理想中的正义社会已开始展露雏形，并将逐渐获得实现了！

后来，我被调到家境优渥的女子高年级班。我这时了解到，有必要让她们接触并认识在她们居住的美好的城市里，一些悲惨社区所处的不公平境况。我带领一群志愿者到泰能克·马哈勒思（Teneke Mahallesi）贫民窟去。一大群人可怜地挤在没有灯光、没有水的房子里，这幕令人难以承受的景象，后来在班上引发了许多愤慨激昂的讨论。这些女孩开始意识到她们身为未来公民的责任。的确，她们当中许多人长大后，投入了争取埃及社会平等的抗争。

我向来对世界各地一些不健全、不平等的现象心生愤慨。在突尼斯，我看到贫农坐在骨瘦如柴的驴背上，随时要被地主的华丽大车给撞倒。在埃及，一些观光客的傲慢令我深深作思：他们满是崇敬和畏惧地注视着让他们费好一番气力才勉强登上的骆驼，对领骆驼的人，却投以轻蔑的眼光。理由是，他不过是个人罢了！我内心如雷轰电掣：你们这些肥富佬啊！难道你们要永远貌视你们的同类？

每当遇到这种情况，我总要气得跳起来⋯⋯为什么呢？是我这人古怪吗？我的生命有什么特殊之处，为何我会如此犀利地看待不公平的现象呢？

我一定曾经受过召唤，它的源头在哪儿呢？是在我的童年时期吗？我抗拒贫穷的幼芽是否就藏在圣诞马槽之中？当时，我还不到6岁,看到耶稣圣婴躺在稻草堆时,我大声叫了出来:"为什么他要躺在稻草里呢?我弟弟居洛有一个漂亮的摇篮啊!这不公平!"妈妈回答我说:"是他自己甘愿贫穷的,他这么做是因为世界上有太多贫穷的小孩了。"这句话像个谜团般在我体内激起震荡,在我的内心深深地烙下了痕迹。尽管我当时还只是个小女孩,但身上已经烙了一个爱的创伤。就在三个月之前,我眼睁睁看着我最亲爱的爸爸消失在浪涛里……他一去不回。自此以后,我变得极度敏感,任何事都可能让我流泪。我非常痛苦,但从未跟人提起。这是我的秘密。我内心也同样发出反抗的怨语:为什么其他小女孩有她们的爸爸?然而,突然之间,在我眼前的稻草堆里有一个美妙的婴儿,他对穷人充满柔情。他向我伸出了双手,仿佛要填补我没有爱的空虚。后来,在我正式成为修女那天,我希望把我的名字改成以马内利。这个名字在圣诞节那天被大声颂赞,圣诞节成了我生命的灯塔。

该到哪儿寻求人类的幸福

人在青少年时期总需要一些英雄人物。我15岁时非常崇拜达弥盎神甫[1]:他选择了跟随基督的脚步。达弥盎神甫因麻风病人遭

---

[1] Pére Damien(1840—1889),比利时神甫,于1864年到夏威夷群岛,1873年决定到当时肆虐夏威夷群岛的麻风病患者集中隔离的Molokai岛,在病人协助下,建造房子、供水系统、学校等,将岛上主要城市Kalawao从等待死亡之城转变为居住生活之城。

到被遗弃到一个被诅咒的小岛这种不公平的对待而非常愤慨,于是决定到他们居住的岛上,力求改善他们的生活条件;他一直抗争到临死之际——他自己最后也染上了麻风。这才是真正的抗争!从 15 岁开始,我就知道:以后,我也必须对抗各种悲惨境况所代表的不公平,一直到我死为止。

20 岁时,我到了伦敦,跟随一位在锡安圣母院当修女的表姐学英文,她负责掌管一所位于贫困社区的学校。我目睹那群小孩令人难以承受的命运,内心激动愤慨,因此作了我生命中的一个重要抉择:我要加入这个可以帮助那些陷于困境小孩的修会。

自此以后,我经历了生命中各式各样的苦难;然而,我也因为能够献身协助这些孩童的蓬勃发展(这是一个源源不绝的喜乐之泉)而找到了我的幸福。

我又再度面临吊诡:不公平的贫穷,这个令我气愤跺脚、势必根除的邪恶,同时也是让人快乐丰足的泉源呢!

当我还住在贫民窟时,我并没有时间来好好思考这个矛盾;然而,自从回到法国之后,我就不停地思考和挖掘这个问题。我向所有我认为能提供洞见的人请教,同时也再次阅读了《圣经》。再者,这些年来,随着我和基督之间的关系愈来愈私密和深刻,他朴实无华的生命也益发打动我。

这是为什么我要像许多年迈老者一样,试图对我的生命重新检视,了解我个人的身份认同。我的个性依然刚烈,即便到了 92 岁之龄,面对我认为不正义的现象仍旧会愤慨和激动。那像是一座反抗的喷泉,我就是无法冷静以对!

因此,我写了这本书来尝试剖析我个人对贫穷的见解,贫穷呈现不同面貌,它有着充满吊诡,有时甚至非常极端的特质。在此,我希望能够深入到我潮来潮往的生命带给我的经历和收获的核心:在世界各个角落接触的各式各样的人,与他人焦虑和喜乐的分享,与会里修女姐妹之间的丰盈关系,沉静的祷告与冥想……

在我生命的暮年,或许该是思考这个对我而言至关重要的问题的时候了:对穷人的爱,那是我生命的意义,我存在的气息。或许,这同时也是我应该纵身跃入脚前深渊的时刻;幸福总是出现在稍纵即逝的刹那间。那么,什么才算是一个幸福的人生呢?对个人来说,做自己、有着快乐的生命,意味着什么?我们又该到哪儿去寻觅人类的共同幸福呢?

第一章　贫穷的丑闻

我对贫穷丑闻的愤慨与反抗，从未间断。经过长达数十年与悲惨世界无数次的交手与对抗之后，我才逐渐领悟到：当我们面对某种特殊情况时，会产生一种自发的、来自五脏六腑的愤慨。但那是一种过于狭隘的反应，只局限在某一个特定的时间和地点，缺乏其他视野。然而，当我不断在许多国家看到相同的情况时，又怎么可能不了解，贫穷其实有着共同的根源呢？这时，我内心深处触动了某种东西，一种世界观，一种更为深邃的愤慨与反抗。这种反抗是经过深思熟虑的，它力图彻底铲除祸患的根源，而不再只是一味地填坑补洞而已。

这种愤慨与反抗至关重要，然而，却很少有人能够理解和认同！事实上，绝大多数人都愿意对某些不幸和苦难作出及时回应，有时甚至极度慷慨。然而，他们一般认为贫穷是不可避免的，事情本来就是如此：贫穷乃任何社会、任何经济制度所勾勒景观的一部分。

因此，在我的人生旅程即将抵达终点之际，我认为有必要唤醒人们的意识：让我们继续提供人道协助，但千万别忽略了问题的根源。事实上，贫穷的丑闻之所以存在，乃是因为我们最终接受了这种不公正的世界秩序。

呐　喊

没有什么比国际劳工局（BIT）2000年年度报告中这项简扼的陈述更让人清楚地看到贫穷的丑闻："有一亿名奴隶受到如牲畜般的待遇。"我还记得塞内加尔的那群小孩，为了一点微薄工资，身上扛着能使年轻力壮的驴子都挺不起腰来的沉重麻袋。"非常重要之人士"，VIP，成了人们恭敬尊称那些超级富人的专有名词；然而，每天生活费不到2美元的20亿人口，有谁关心过他们呢？

世界银行于2000年3月发表了另一份研究报告《穷人的呼声》，收集了全世界60多个国家6万多人对于贫困生活的个人见证。穷人生活在"依赖、羞愧、耻辱之中。他们被迫接受他人制定的价格，除了得承受无礼、轻蔑、微薄的报酬之外，同时也是被社会排斥的对象"。这，就是皮埃尔教士称之为"没有声音的人"的命运。

无以数计的人生活在对未来的不确定之中，这简直是一大丑闻，这是一种不正义。的确，2000年，富裕国家的经济增长率为6.4%，而贫穷国家则为0%。我知道这个概念过于宽泛，难以反映各地区的真实情况，不过，它多少也陈述了问题的严重程度。因此，当我们听到在这世界上，其中225人的财富等于另外20亿人口的年收入时，如何能不惊愕！法国多年来一直拥有数百万的失业人口，而米其林（Michelin）[1]却在获利创新高以及股票指数不断攀升的时候，泰然自若地宣布裁员7500名。从钱的角度来看，这或许是一个好的商业操作……但从人的角度来看呢？

在所有大都会里，一部分人住在舒适豪宅中（有的还拥有其他房产）；另外一些人则住在简陋小屋，甚至落魄街头。穷人多半被集中圈限在肮脏残破的社区。当我在马尼拉时，曾经被禁止进入某些高级社区的马路，只因为我的穿着不够时尚。在摩纳哥，这甚至不是几条马路街道的问题，而是整个国家都是：穷人止步。

我们是走在多么不正义的深渊边缘啊！但我们有时甚至连驻足察看一下都没有！在埃及，我见到农人挥汗如雨地在棉花田里工作，他所挣的钱只够全家糊口，连买第二件galabeya（埃及传统服饰）都吃紧。然而，正是他们这少得可怜的工资，让你我得以购买低价衣物来填满我们的衣橱！

这整个制度在一个世纪多以来不断地发展扩大，导致了这般令人难以置信的经济差距：1820年，发达国家与发展中国家（这词汇蕴涵着多大的讽刺啊）之间的差距是3∶1；到了1999年，这项差距拉大到了7.27∶1。

我知道以上所说的，不具任何新意：我们到处都可以读到这样的陈述，甚至开始感到厌倦了。然而，我们喊得还不够，我们

---

[1] 世界著名轮胎制造商。

必须再一次、继续不断地呐喊。呐喊，代表了抗议，不接受，不呆呆坐着。呐喊，代表了拒绝维持现状，拒绝只停留在陈述而已——即便是愤怒的陈述。呐喊，是发自五脏六腑的反抗，是脑子维持骚动不安，是紧紧抓住事情和人，这情况一定要有所改变！

令人愤慨的贫穷

我自己就在世界五大洲亲眼目睹了许多令人愤恨不平的现象。但我的经历必然有限，也缺乏深入的研究和分析，对此，我感到十分抱歉。然而，我希望在此写下我个人的一些感想：如果说我们面临的这些困境，每一种都令人愤慨，它们的本质却不尽相同。那么，我在第三世界国家和法国所看到的贫穷，有哪几种不同的类型呢？

我经常谈论埃及的情况，在这儿也要说一说其他国家。我在突尼斯时，有一天收到我的修会锡安圣母院一位姐妹发来的求救信。她是一位助产士，致力于协助未婚妈妈。然而，阿拉伯国家的妇女向来都需要获得一位男人的支持，不论是父亲、丈夫或兄弟。因此，这些遭遗弃的妇女置身于一种非常凄惨的处境：从社会的角度来说，她们不再存在。有时她们甚至是直接躺在地上或是在非常恶劣的卫生条件下生产。然而，她们所面临的挑战，并未因生完小孩就结束：她们还得找工作来维持她们的生活和尊严。一个新生婴儿对你大声号哭，这会让你五脏翻搅。按理说，他有权在他呱呱坠地之处获得一席之地，然而，在这儿，社会剥夺了婴儿的基本权利以及女人获得社会认同的权利。

在塞内加尔的捷斯（Thies），有人特别跟我指出上千万名儿童、青少年和年轻人的情况。年幼的小偷在监狱中与一大群歹徒、恶棍为伍，更趋堕落。在市场上，10到12岁的小孩搬运着比他们身子还重的箱子，脊椎骨随时可能受损变形。他们的工资已经够微薄了，还必须从中抽取一部分，缴给村子里的巫师。青少年在工厂干个不停，既未接受任何教育或训练，也没有一点零用钱。我绝非在杜撰故事，这些都是我亲眼所见。当我把这情况告诉了奈丽，一位在开罗贫民窟服务的志愿者时，她立即搭机到塞内加尔首都达喀尔。一到当地，她就很快地判断出主要症结所在：当务之急是必须解决未成年少年的监禁条件以及儿童和青少年的奴隶状况。我们绝对不能忍受，今天我们这个世界居然还有任孩童在监狱中堕落、被迫工作、没有任何权利、身体状况受到终生摧残等情况。我们也无法忍受见到年轻人被工作弄得疲惫不堪，陷入一种没有其他出路的困境。他们既无一技之长也没有多少工资，还能奢望有什么样的未来呢？

然而，最最让我心痛的地方，莫过于非洲的苏丹。万分抱歉，我这会儿好像是在带领读者周游世界，虽然我一开始是要试图区分不同类型的悲惨现象——不过，对我来说，我没有能力用冰冷的理论来概括性地谈贫穷。让我惊惶震撼的，不是抽象的问题，而是那些孩童、男人、女人一张张痛苦的脸庞、一个个百遭轻蔑的身体。不过，这些苦难与贬抑，总是在某种特定条件下发芽滋长。

让我们回到苏丹的情况。在首都喀土穆附近，成千上万的男孩长途跋涉逃离苏丹南方的大饥荒，那儿已经因饥荒死了许多人。落魄街头的他们，显得精疲力竭、饥饿不已，瘦成皮包骨的样子令人战栗——那是一幅令人难以承受的景象。那一年，高粱几乎毫无收成。母亲们于是将剩下的一点粮食塞到一个小布袋里，告诉她们的儿子："离开吧！步行到喀土穆去，你不会死的。"她们自己却留在家乡，等待死神的来临——那儿已没有任何人可以埋葬她们。当时苏丹内部正分裂为南北两大势力，处于战争冲突之中。当然，人不能为大自然的变数和灾难负责，但战争却是人所引起的。北方的人民并不想要接待和提供食物给这些属于他们敌对阵营的未来战士。因此，他们没有将这灾难告知世界。这对他们当然有利：他们不费吹灰之力和一兵一卒，就让敌人消失了数百万人口。

事实迫使我们面对一个又一个骇人听闻的事件，说也说不完。面对那些圈禁在没有水电的贫民窟的劳工（这是我20世纪50年代在伊斯坦布尔亲眼所见），我们如何能够保持沉默？对于那些我在黎巴嫩遇见的孩童，那群眼睁睁看着自己的母亲被人强暴和杀害的战争孤儿（也难怪他们个个充满仇恨和复仇之心），我们如何能够缄默不语？我们又如何能够只字不提世界上有无以数计的男男女女必须靠捡拾富人丢弃的垃圾和食物残渣维生？在马尼拉，恶臭满天的垃圾山有时甚至将孩童活埋在这个大火炉中。小男孩、小女孩遭到性虐待以及"性旅游"的现象，近十年来不断地扩大蔓延，我们又如何能够沉默以对？当我从菲律宾回来时，我惊愕地发现，搭的竟是一架满载雍容华贵的人士到菲律宾玷污小孩度周末的包机。面对一位记者询问她旅游的目的时，一位高贵典雅的妇女笑道："我是来享受鲜嫩肉体的。"这大大超过了限度！如果当时我能找到一颗炸弹的话，我绝对会像从事自杀攻击的恐怖分子一样，炸掉这架飞机！面对世界上许许多多大都会将一大群人口赶到城市外围，让他们的小孩别无出路地生活在犯罪、娼妓或贩卖毒品中的情形，我们又如何能够保持沉默？当一部分人住在奢华的生活环境中时，另外一大部分人却只能勉强糊口。这是世界的罪恶：对他人的苦难的漠不关心！

我还能够举出其他上百个以前或最近发生的例子，不过，我最后只想再提一个我在布基纳法索看到的艾滋病灾祸。成千上万染上艾滋病的男男女女，遭到自己家人、村庄和亲友抛弃。在药物方面，他们只有阿司匹林！在某些城市，甚至没有任何医院愿意收容他们；害怕传染的非理性恐惧，窒碍了所有的人性情感。艾滋病患者只有流浪街头，孤独地等待死亡。在20世纪，只有富裕国家的人民才有权享受尖端科技与先进医疗。当西方世界的每位病患都享有大笔预算的时候（这乃美事一桩），我们如何能够忍受非洲好几个国家的人民濒临死亡而不采取任何行动？我们不由得要大声呼喊：不公平！

最后，从所有这些情况与经验中，我萃取出了一些结论。一方面，每个情况与经验都是独一无二的，与其社会、经济、宗教、政治和文化环境有关；另一方面，它们之间也彼此相似，因为同样是一种不公平现象。所谓的不公平，并不是天然灾害所造成的后果，而是人类从出生到死亡所具有的基本权利，受到了轻蔑和嘲弄：自由的权利、安全的权利、平等享有医疗的权利、享有基本生活条件的权利、受教育的权利、工作的权利以及享有被认同的尊严的权利。

堕落的年轻生命

现在让我们来看看法国的情况。当回到法国时，我从游民所处的欠缺人道的情况中，体认到了一种"新贫穷"。我每周三次到专为他们而设的一个机构探望他们。我面对的是一群被逼迫到绝望之中的人——我要特别强调"被逼迫"这三个字。他们别无其他出路，没有任何人愿意伸出援手，没有其他情谊。他们感到被背叛、被欺瞒。有人是被老婆或伴侣离弃，有人则是从青少年时期就被自己的家人丢弃在外。他们于是以极快的速度在毒品、酒精、偷窃中消沉堕落。他们被亲友遗弃，受社会藐视，成了残渣分子。对我而言，这世界上没有什么比看到一个人没钱、没家、没爱，日日夜夜在街头徘徊游荡，更令人伤心了。他们就这样一直过下去，直到一天被发现横躺在人行道上，已在夜里孤零零地死去。我们究竟生活在什么样的社会，竟然任由成千上万的人在我们眼前死去，而不对他们看一眼——顶多也只是投注轻蔑的眼光？

尚贾克年纪不过 25 岁，但身体已经被酒精腐蚀坏了，他跟我透露:"修女,我母亲经年累月遭我父亲殴打,直到一天当着我的面,拿了把刀子杀了他。我后来被送到省立卫生和社会事务局(DDASS)[1],自此从一个家庭游荡到另一个家庭,但从未感受到真正的关爱。我16岁就独自到街头鬼混。您想我能做什么?我于是开始酗酒和偷窃。所有人都瞧不起我,就连我自己都瞧不起自己。"于是,监狱……再次堕落。他和一群处于同样困境的朋友占据了一个空房子,平日靠行乞维生,并且继续酗酒,酒瓶是他唯一的慰藉。一天,我们再看到他时,他已躺在棺材里,就和出身邻近地区家境良好的汤尼一样。我一直不了解汤尼为何会堕落到这么悲惨潦倒的地步:一天晚上他被发现因酗酒、嗑药过量,死在街头。他年纪还不到30岁呢!当我看到他青春美好的躯体横卧在一片啤酒液中时,我发誓:就算有再多的障碍,我也要奋力不懈地将这些失去方向的年轻人解救出来。汤尼,这个社会曾经试图解救过你吗?

另外,还有一类人也同样处于被轻蔑中,而且人们一再地利用和凌辱她们,那就是娼妓。一天晚上,在巴黎,我陪伴一位专门协助妓女的协会的会员到布隆尼树林公园[2]。半夜十二点,我们经过4名正等着客人上门的女人身旁。她们必须在晚上十点到半夜一点之间在冰冷的天气里站着,身上只穿了一些轻薄衣物,并

---

[1] 全名为La Direction départementale des affaires sanitaires et sociales,主要管辖行政事务,包括未成年少年和孩童的抚养和教育问题。

[2] 布隆尼树林公园(Bois de Boulogne)位于巴黎西郊,占地800多公顷,除了是巴黎市民假日休闲的绝佳去处外,晚间同时也以娼妓、同性恋、变性人出没而著称。

被迫以嗑药来克服寒冷。在她们仍旧流露着青春气息的脸庞上，一双张大了的惊恐的眼睛，直直地望着我们。她们犹如惊弓之鸟，在不慎落入的陷阱中颤抖着。我后来才知道她们来自哥伦比亚，起初以为是要来法国的时装界工作。人家送了她们一张单程机票和为期一个月的签证，同时还借她们一大笔钱，让她们能够尽情享乐。她们后来才发现身上连买张机票回国的钱都没有。这时，她们一方面受到威胁，不还债就要坐牢；另一方面，眼睁睁地看着自己的签证就要到期。于是，唯一的解决办法就是卖淫。而且，这个办法似乎还是合法的！这就是我们所处的社会，一个宣称推行正义的高度民主国家。

我的内心深处同时还积藏着我在巴黎的某个夜晚，在一个截然不同的氛围中所深刻体验的感动。当时我在圣文森特（Saint Vincent-de-Paul）教堂为一群兴致高昂的年轻人刚做完一场演讲。突然间，有人紧紧地贴在我身后，是一位面容憔悴的女子，她属于那种因饱受摧残而过早衰老的女人：青春不再、美丽不再，有的就只是肮脏与被漠视。我怎会猜到她是一位妓女呢？也许她曾经做出某个挑衅的动作，抑或她衣着暴露？总之，她全身上下没有任何诱人之处，甚至连口气都令人觉得厌恶；然而，这终究不是一具冷冰冰的身体。她身上散发出一种肉体待价而沽的感性。那是一种身体性的东西，她紧贴着我的方式，好像渴望借由肉体相互渗透的方式，来试图找回失去的尊严。我从未有过这种经历，我们几乎可以说她是在寻求一种净化。她仿佛是希望借由沉浸在我的纯洁无瑕之中,来重新找到她童年时代的清纯。我们两人恰好完全相反:她将她的人变为一种肉体交易的对象;而我,一位修女,则代表了一个免于觊觎的世界。

可是,我亲爱的朋友们,您知道吗?我们两人在这种相互渗透中,都学习到了许多东西。那是一种"交流"。

"你叫什么名字?"

"艾雪。"她回答我时,紧紧地抓着我,同时号啕大哭。

好一段时间她就这样把头依偎在我的肩膀上。当我必须离开时,我们俩手牵着手,穿过教堂的中殿。对这位女子,我是以与常人同等的态度对待。我想她应该也感受到了我对她的尊重,而这正是她最渴求的,是别人不再给她的东西。

"你现在要去哪儿呢?"

"我不知道,我没有住处,我只有街道。"

当我们来到了教堂前的广场时,我将她抱在怀里,亲吻了她,之后心如刀绞地看着她沿着人行道走向寒冷,而我,则登上一辆等着载我到一个舒适温暖的房间的汽车。

我谈到公义,是的,但我却没法去体验它。非常奇妙的是,那天晚上我接到了一个奇怪的恩赐,那恩赐似乎是从艾雪的身上涌现出来,流到我体内的。我终于了解耶稣这句深奥的话:"娼妓,倒比你们先进神的国。"(《马太福音》21章31节)艾雪所做的,正是向神发出呼喊。人向神求救时,不一定总是双手伸向天空,哀求地叫着"神啊,神啊",然而那叫喊声却总是发自受压迫的人。人想要从困境中寻求脱身，却找不到出路，因此他大声哀叫。正是这个求救声，直直地升上了天，到达神那儿，那位《出埃及记》中的神说："我的百姓在埃及所受的困苦，我实在看见了；他们所发的哀声，我也听见了。"（《出埃及记》3 章 7 节）这位可怜的女人乃是向拯救之神呼喊。她试图从她所处的深渊底部触及神。我是否从未如此这般以残破的灵魂，如此用力、如此真诚地向神发出呼喊呢？因为，归根结底，我们不全都是可怜的人吗？当然，我因环境的保护，从未跌落到社会的底层；然而，我灵魂的质地和结构，在本质上和其他人有什么不同吗？我们大家都需要救赎。从某种程度来说，我们全都处在埃及。从某种程度来说，我们也全都被我们自己的苦难所压迫，这苦难不断将我们向下拉扯——每个人都有每个人的苦难！艾雪，你知道你是我人性中的姐妹吗？我对你的记忆，长存我心，它帮助我时时刻刻要力求真实，摆脱那虚幻的优越感的浅薄。我想，在我死的那天，将在正义之神的慈悲之爱中，再次遇见你。我想，终有一天，就像圣母玛利亚的赞歌所言，正义之神将"叫有权柄的失位，叫卑贱的升高"。（《路加福音》1 章 51 节）

不同的贫穷滋味

我们可以从这些法国经验中归纳出哪些结论呢？我在法国体会到的贫穷形式，主要是关于个人的，而不是像在第三世界国家一样，牵涉到一大群人口或整个族群的。但这些贫穷形式的共同点，即被蔑视与排斥。游民和妓女最深受其苦的是蔑视。他们对别人的轻蔑态度感受特别强烈。一天，我和艾维在马路上，两位打扮高贵的妇女开车从我们身旁经过，看了艾维一下。她抓着我的手臂大叫："您看到了吧，您看她们多瞧不起我！"她涨红了脸，全身颤动着。同样的，一位参与接待和陪伴娼妓的女性志愿者最近也向我透露："您无法体会到她们所承受的痛苦。一位女孩子告诉我，当最后一位客人离去时，她哭了整晚。因为虽然这些客人付钱给她，男人一点也瞧不起她。她觉得自己像垃圾，像人们消费后丢弃的残留物。"

然而，他们之所以会有这种被排斥感，是因为他们实际上已被社会排除，被排除在社会、职场和家庭之外。这儿的穷人没有任何人际关系，他们总是孤零零的一个人；因此，除了所遭遇的悲惨困境之外，他们还加上了被社会边缘化的问题，许多人甚至连任何证件都没有。在他们自己以及其他许许多多人眼里，他们不再存在。人如何能够活在被完全漠视之中呢？这是灾难的最顶级：这些男男女女在人类群体中没有任何位置和地位。无论如何，他们都不再拥有任何身份认同。

我们可千万别误解：并非所有的灾难，都代表相同的悲剧。第三世界的人民仍旧品尝到生命的喜悦；然而，对富裕国家的人而言，贫穷却是一种难以承受的负担。为什么会有这样的相反态度呢？

在非洲，绝大多数的人的确过着贫苦的生活，但彼此之间不会有忌妒。与此相反，当某个地区，穷人属于少数人口，而他面对的是一个普遍富裕的环境时，人立即有了忌妒心。

此外，第三世界的穷人并不会受到被他人轻蔑和社会排斥的待遇。事实上，他们能够与其他拥有相同生活水平和生活方式的人一起和平共处。在贫民窟里，我们每天吃的都是蚕豆，但是大家一起吃，大伙儿嬉笑自若，没有任何一个人会挨饿。

在我看来，是否具有社会整合，乃是了解各情况之间差异的关键点。尽管贫苦，非洲家庭仍旧非常团结，并且在一种和乐、喜悦的氛围中，与他们所处的环境产生友好关系。这是家庭制度遭到分裂、因缺乏相互信任而导致萎靡气氛的国家所缺乏的。一边是"时间就是关系"，时间因共聚一堂的喜乐而轻松舒畅；另一边则是"时间就是金钱"，不断追逐金钱——亦即短暂而昂贵的乐趣的来源——所带来的紧张和压力。要我举个例子吗？华莉丝·迪里（Waris Dirie）在她的回忆录《沙漠之花》（*Fleur du désert*）中表达了一种奇怪的怀旧。身为著名的时装模特儿，她虽然住在美国，生活优渥，却仍旧怀念在毛里塔尼亚沙漠里[1]，全家围着炉火的夜晚。对她而言，目前受人百般奉承的明星生活，犹如一个虚假的天堂。

整个年轻的一代以及许许多多的成年人纷纷奔向西方世界，追寻财富或媒体上的成功形象，仿佛他们将因此找到生命的幸福。明星生活难道如此快乐吗？那么为何仍旧有这么多感情失败、吸

---

[1] 事实上，作者以马内利修女似乎记错了华莉丝·迪里的出生地，并非毛里塔尼亚，而是位于非洲大陆东部的索马里。

毒、自杀的例子呢？甚至发生在最著名的明星身上。

最后一项比较，而这对我来说也是意义最为深刻的：第三世界的穷人不晓得何谓"绝望"。当我第一次收到从欧洲寄来、捐赠给穷人使用的药品时，医生打开盒子之后哈哈大笑："镇定剂！贫民窟有谁会需要这东西啊？我还是带到高级社区去吧！在那儿，我还有可能开开镇定剂的处方。"在法国，人们对镇定剂的胃口多大啊！我在多少失业者、妓女和游民身上，甚至为数甚多的年轻人——他们所遭遇的，并非物质上的苦恼——跟我透露心事时，看到了破灭和虚无：他们不再抱有任何信念，处于无底洞之中，看不到任何出路，认为一切作为不再有用，不知道为什么要活着。在第三世界，一种截然不同的心态阻止了这种绝望态度的产生。他们面对生命的态度是，只要有一点点东西就能够感到心满意足，因为捡到任何东西就像是获得珍贵宝藏一般。当生命理想变得非常单纯时，解决问题的方法反而显得唾手可得：再糟糕的情况，也可以在人行道上卖瓜子，赚个五块皮阿斯特[1]，买个面包和几片沙拉菜叶，坐下来，和朋友快快乐乐地一起用餐。

归根结底，这是两个彼此相差好几光年的世界。我并不是说，在那儿，万事皆好；我要说的是在这儿，许多人的情况其实还可能更糟。我为第三世界人民所承受的不公正起身反抗，我拒绝接受维持现状，我绝对不是在说那儿的制度充满田园之乐。尽管如此，我也必须承认：在那儿的穷人并非坐困愁城的可怜人，而是欣欣

---

[1] 埃及货币，100皮阿斯特等于1英镑。

享受生命的人。在西方，一种特定的心理状态和社会制度，使人产生了一种普遍的空虚感，一种被攻击和被不公平对待的感受。为什么有些人无法拥有从他们眼前经过、几乎唾手可得之物，有些人却可以充分享受呢？一方面，遭到社会排除的人以前也曾经有过好日子；另一方面，他们掉落到一种失败的动能中，这使他们与社会分离，陷入一个没有出路的困境之中。这才是最大的悲哀：对任何人来说，我什么都不是，也将永远什么都不是。

了解问题的根源

我对不同类型的贫穷所进行的区分，把我带到另一个问题上：贫穷从何而来？若要促成全球性的公正与平衡，将遭遇到哪些障碍？

事实上，自从面对必须挥汗如雨地工作（这话一点也不夸张）才能仅求糊口的第三世界人民之后，我在愤慨反抗之余也不断自问：到底这个令人难以置信、全球性的不公平问题，根源在哪儿？这是一个盘根错节、错综复杂的问题！我不断地观察、质疑、阅读、冥想，但我知道我只找到其中一小部分的答案。

国际机构

在不断提高生产力的狂热竞赛中，生产一方面受到无情的竞争规则控制，另一方面也要求具备尖端技术以及大量机械自动化的条件。在此情况下，第三世界的可怜人看起来就像是一个不具任何经济价值的两足动物。事实上，他们经常被视为徒有两只手臂但缺乏执行精密任务大脑的人。如果说东欧国家目前吸引了许多投资者的兴趣的话，那么相对的，没有人愿意瞧非洲人一眼！他们不过是一群没多大意思的人罢了。在生产需求的考量上，人们就只贪图他们的土地、石油以及原料。我们只要想想亚马逊河流域的印第安人，就会一目了然。他们被视为史前时代的野蛮人，可以毫无忌惮地加以杀戮，只因为他们妨碍了西方对他们栖身之处进行"提高附加价值"的加工改造。

不幸的是，对第三世界的经济发展来说，跨国公司和大型工业与其说是提供了动力，倒不如说是造成了阻碍。这些大企业让第三世界淹没在专为富人设计的奢侈品以及各式各样新颖诱人的货品之中。本土的小型公司怎么有能力与可口可乐一般规模的大企业匹敌较劲呢？这些跨国公司的行销威力吸引了老早就被各式各样美国货或外国货所迷惑的大众，创造了新式消费需求，并扼杀了规模不大的本土产业。基于同样理由，就连富裕国家的小型商店也不敌大卖场的威力而纷纷关门大吉，更何况第三世界的企业！事实上，跨国公司更进一步地强化了贫穷的现象以及本土经济的依赖性。

甘地穷尽一生为拯救印度本土的织布业免受英国进口布料的威胁而奋斗——更令人惊讶的是，这些英国布料其实都是用印度生产的棉花所制成！世界各地都面临相同的情况：在南美洲，国外投资开发集团购买土地，进行大规模的黄豆种植，以外销到欧洲作为牲畜的粮食；同时，它们也因此摧毁了小户农民赖以为生的农业结构。

要了解世界绝大多数地区贫穷的根源，就必须提到原料市场价格波动的问题。原料都是在置公正于不顾的条件下，向第三世界国家购买的。量小力微的农人面对合约的威胁，不得不接受由别人强行制定的价格，因为他们没有库存农作物的能力和可能性。当赫尔德·卡马拉大主教[1]到国外巡访时，他愤怒地咆哮道："付给我们巴西咖啡应有的公正价格，而且价格不要老是波动起伏，否则我们就不需要你们的救助！"第三世界生产的原料，全都是在被迫接受他人强制规定的价格的条件下出售的。我们必须了解，如果咖啡、棉花或可可豆每年的价格都是无法预期的，国家根本就不可能调整经济结构和规划经济政策。

不断对我们耳朵进行疲劳轰炸的"南北对话"，根本就是一场"鸡同鸭讲"。我们必须直言不讳地回答：我们这些北方国家的富裕人民，对这样一场没有结果的讨论真的在乎吗？我们知道受我们剥削的南方国家的人民所过的困苦生活吗？我们每一个人在日常生活中，都使用了以荒谬低价向生产国购买的各式各样的原料。我们所吃的食物、买的玩具、穿的衣服，可能都是由童工所生产制造的。在我们国家的领薪族，绝对没有一个人会愿意接受南方国家人民所支领的工资，只够勉强糊口度日——若能糊口

---

[1] Dom Helder Camara，是巴西东北 Olinda 与 Recife 的大主教，在巴西被尊称为"穷人的神甫"，对推行社会公义、改变社会结构，抱持相当激进的立场。

维生，那还算是不错的情况呢！假若在我们吃着香蕉或套上 T 恤时，能够看到因不人道的工作条件而困倦、毁损的面容的话——尤其，当那是一位孩童的脸庞时——我们还会掏钱购买这些物品吗？有人会回答我说：人类的自私心是如此强烈，与其拥有一个更清醒的生命，绝大多数人仍旧宁愿选择置穷人苦难于不顾。不幸的是，事实也的确如此：起身谴责这些丑闻的声音太过薄弱了，以至于淹没在一种几近全面的冷漠中，对人们的意识无法造成任何震撼。

我们也不该对军火买卖只字不提，这是促成世界幸福与和平的主要障碍。如果我没记错的话，法国可是世界第三大军火制造商。这项我们甚少公开讨论、利润庞大的贸易，大大地充实了政府的荷包，当然也让我们每一位法国公民受益。第三世界国家一旦购买了军火，就没钱支付公务员的薪水、购置发展国营企业所需设备抑或偿还国家外债——我们却为他们的自相残杀感到震惊！我们是一群应该为这情况负责的伪君子！我在贝鲁特战事频仍之际，前往那儿帮助难民小孩，我得到的却是一个多大的震撼啊！伶俐可爱的小蕾拉，是我们"以马内利修女之友协会"第一批协助就学的孩童之一。翌日，我却听到她刚被一位职业杀手利用……为法国生产的武器所杀害（听说，还是法国最优良的武器之一）。当回到法国时，我对这桩惨剧仍旧惊骇未平，于是决定拜访一位政府官员，跟他讨论这个问题。他是这么回答我的：

第一章 贫穷的丑闻

"我们只把武器卖给需要自我防卫的国家。"

"部长先生,您应该非常清楚,所有军火都会快速转移到好战分子手上,不论他属于哪一方势力。"

"这就不关我们的事了,这不是我的职权范围。无论如何,就算法国停止武器生产,其他国家也会立刻加入发展这项工业。"

"这么说来,我们就可以心安理得地继续看着人死掉,甚至是无辜的小孩?"

"修女啊,如果我把军火工厂关了,马上就有十多万人失业(我不太确定他说的是否是这个数字,总之是一个非常庞大的数目),国库也会减少一大笔收入,在这种情况下,我将被迫提高税赋,那我也肯定马上被炒鱿鱼……如果您有办法的话,那么就请先改变法国人的心态吧!我没有其他答案可以给您。"

这些政治人物同样感到无能为力,而我则从未从蕾拉的丧命中获得平息。

最悲惨的是,造成贫穷的绝大多数原因都有着相同之处。国际性机构以其难以想象的经济和政治动员力,将任何力求改造的尝试,甚至连组织最完善的合法性努力,都一一压制和铲平。这些国际网络的力量庞大到不可碰触的地步,它们压榨整个世界,将它们自己制定的法律强加于他人身上。

从上述观察看来,我们似乎毫无希望可言;然而,别忘了奥勒利乌斯所言:"障碍乃提供行动之原料。"障碍愈显得难以克服,我们愈需要发奋努力。我们要对抗这些巨兽,意味着要冒生命危险；但冒风险却是值得的，只要有几位意志坚决的人，就可能促成世界的改变，就像在寓言故事中，我们看到蚊子战胜狮子一般。

国家机构

不幸的是，国际机构并非造成这些令人难以承受的情况的唯一罪责者。事实上，第三世界国家内部也出现了"富者愈富、穷者愈穷"、贫富鸿沟日渐加剧的情况；穷人通常占一国人口的90%以上。在这些国家中，贫富之间并不存在所谓的"中产阶级"来加以平衡。就一国内部而言，全球化提供了那些懂得如何从中获利的人——通常是具有良好基础教育、聪明、灵活、有国外关系的人——一个庞大的市场机会。但其他人呢？那些没受过多少教育、不够聪明、没有多少外来协助的人呢？他们很快就被淘汰出局。

除此之外，当地政府所采取的措施也经常缺乏远见。因此，如果我们不提50年前纳赛尔[1]掌政时期所推行的土地国有化政策，就无法充分了解埃及为何会出现目前这样的情况。当时，这项政策获得农民一致的赞许，他们以为就此可以获得让他们过舒适生活的土地。然而，当一个家庭拥有八到十个小孩，经过两代之后，每人最后分到的遗产不过是几小块土地而已。这正是农村人口不

---

[1] 纳赛尔(1918—1970)，埃及总统，1952年领导"自由军官组织"成员发动政变，1953成立埃及共和国，1956年当选为总统。

断外流到城市的主要原因。这些移民因缺乏教育,只能靠贩卖手工制作的小东西维生。我走在街上,随时会听到各种叫卖:"女士,看看吧,才五毛钱而已!"我们在开罗街头可以找到各式各样的东西:从盒子里跳出一只猴子、荡着秋千的洋娃娃、五颜六色的羽毛,擦鞋匠还会抓着我的脚要帮我擦鞋。我贫民窟的朋友们也都是从尼罗河下游三角洲附近的"下埃及"逃出来的难民。他们找不到比捡破烂维生以及拥挤地住在发出恶臭味的简陋屋子更好的出路。如果我们的工作团队没有向他们伸出援手、帮助他们脱离困境的话,他们还会继续停留在同样的状态。正是我们的工作成果动摇了开罗政府,它终于开始关注贫民窟人口,消毒整顿了街道、挖掘下水沟以及设立学校。因此,我们绝对可以促使高层官员采取行动,改善那些原本对任何人都不重要的人的生活。这有时牵涉到国家的面子问题,例如当一群受感动的外国人找到了其他人从未想到的解决之道时;许多时候则是因为这些"悲惨主义"的形象会对国家的"荣誉"造成负面影响,损及国家的国际声望,政府才会设法改善。在这方面,媒体扮演了一个不可或缺的催化剂角色。

  事实上,有时只需要将有限的经费善加利用,或是将官方构思不够完善的计划加以补救,就可奏效。我们仍旧以埃及为例,政府激起了民众的许多希望,它计划将占国土面积 9/10 的沙漠改造为肥沃的土地。当局于是启动开凿运河和调水的工程,引尼罗河水到贫瘠的土地上,再将这些获得充分灌溉的土地以低价卖给获得农业学士学位的人，同时赠送他们一栋房子，让他们可以成家立业。唉！由科技官僚所构思的这一整套措施却没有想到，这些年轻人空有理论知识，却无法独立将知识落实到实际的开垦工作上。结果是，他们将番茄种在应该种高丽菜的土地上，毫无章法。在灰心丧气之余，他们一个个地放弃了。好在当时的拉丁主教艾吉迪欧在"明爱—埃及协会"（Caritas-Egypte）主席布拉德神甫的辅助下，决定解决这个问题。他们筹到一笔善款，征召了一批专家。他们抵达当地，很快地掌握了问题的症结所在，并一一解释给这批农业学士，告诉他们高丽菜应该种在这儿，那儿要种番茄等。我后来造访了他们的耕田，并有幸品尝了第一批收成。我自随风摇曳的树枝上采了鲜红的苹果，坐在小溪旁津津有味地嚼了起来。

第三世界国家还存在着另一个严重的问题，那就是：政局相对的不稳定，有时甚至导致失控的暗杀事件。这类情况彻底破坏了以吸引外来投资与扩大旅游业为经济发展重点的各项努力。在埃及，政府有效压制了以残暴手段袭击观光客的少数伊斯兰激进分子。现代化旅馆的设立、专业向导人才的培训、考古遗址的整顿等一连串措施的展开，不仅刺激了国内经济的成长，而且为住在尼罗河谷沿岸、为数众多的埃及民众带来了利润。如果国内局势动荡不安，这些投资根本无法奏效。

我多么希望苏丹——那儿的人民待我何等亲切——也能拥有相同的情况。然而，那儿的情况却是悲惨至极。以宗教为名的战

第一章 贫穷的丑闻

争在苏丹已持续多年。北方的伊斯兰教徒一直试图向南方的基督徒与泛灵论者强制推行伊斯兰传统教典，完全无视他们是否接受。除了宗教以外，造成南北冲突的另一个新的因素则是在苏丹南方发现了一个储量丰富的油矿。这些油井意味着一笔庞大的财富，更确切地说，是一个必须抓住和加以剥削的猎物。战事演变得更加激烈，大屠杀的场面不断增加，农作物遭到大规模毁坏，南方受威吓的民众陷入大饥荒的危机。苏丹南北两派的国家结构，不仅没有对抗贫穷，反而让情况更加恶化。不论哪一方势力，他们最关切的是如何能够拿到武器，进而拿到油矿的控制权。因为南苏丹东北部油矿的关系，居住在四周的民众如今成了遭人屠杀和驱逐的对象。胜利的一方就可堂而皇之地与国际石油公司换取大笔财富，这些国际石油公司也将闭起眼睛，宣称他们是来到了一块"处女地"……

地球上的历史就这样一再重复地上演！这么多世纪以来，在各洲际大陆，少数几个强势而肆无忌惮的人，为了个人利益，甚至造成整个民族伤亡都不在乎。犹有甚者——诚如我刚提到的这个例子——国家内部的势力与国际经济权力之间的共谋，使数百万民众受到压迫。也许，最最糟糕的是，一旦牵涉到数十亿金额，连民主国家的政府也会屈服，置所有公正原则于不顾。对付这种情况，只有一种解决之道：扩大干预的责任与义务。我们目前在世界上已经听到愈来愈多支持这种观点的声音。

造成许多非洲国家灾难的另一个关键问题是：究竟是哪些因

素，阻碍了国家机构的行动呢？贫穷当然是其中一个问题，但更重要的是贪污。任何经济援助每次都必须经过从上到下一个个口袋的过滤，以至于最后送到接受者手上时，已经所剩无几。有时，援助的粮食甚至被拿来贩卖：我曾在开罗一家杂货店看到一个面粉袋，上面用英文写着："禁止出售。"事实上，那袋面粉是美国的救援物资。他们甚至连供紧急救援用的药品也高价出售。所有物资都成了无耻的非法交易对象。在许多非洲国家，建筑物会自个儿倒塌，那是因为建造商偷工减料以从中赚取更多利润。国家拨给地方机关用来建造道路、学校、医院的经费，就这样一点一滴地流失掉了，并且更进一步地强化了社会不均的现象以及统治阶级的权势。在我看来，要解决贪污问题，最好将经济援助一律委托给经事先确认、行动严谨、主事者有诚信的非政府组织。这是总部设在华盛顿的世界银行的多位主管邀请我参与交换意见与讨论后所达成的共识。

　　换个环境，问题又不太一样。贫穷小国布基纳法索不是一个有利可图的地方，就让他们的老百姓自求多福去吧！那儿的气候，长达数月的时间，连在树荫下也高达40℃，身体总是处于迷迷糊糊的状态。农民没有能力在被太阳晒得干裂的土地上种植任何作物，然而，我也在某些地方看过土地长出高壮的大树。不过，布基纳法索农民种不出作物来并不是因为他们懒惰，而是因为缺乏条件：农民没有任何工具，绝大多数人仅有一把木锄。在这种条件下，土地只有在雨季时期才能耕种。一点微薄的高粱收成必须用来维持全年的生活。人民不能指望来自国家的救助,因为布基纳法索这个国家实在太穷了。他们也很难获得国际经济援助,因为布基纳法索显露不出任何有利的开发远景,特别是非洲备受冷落和遗弃的阶段,因为投资开发者的注意力全都转移到从财务观点看来更活跃、也较有展望的东欧国家去了。难道我们就完全无能为力?当然不是!总还有一些民间私人发起的计划——只要他们能够获得公共机关的祝福。想做点事、有适切想法的,仍大有人在,但他们大多缺少资金。例如,在布基纳法索第二大城博博迪乌拉索(Bobo-Dioulasso)的一位教士,开设一个专为年轻农民而设的培训课程,教导他们如何使用农具;在他们稍有获利之前,把农具免费出借给他们使用。

所有这些造成贫穷的原因,人们多少早已知道。当然,了解各种贫穷情况是有必要的,但这还不够。知识还必须配合良知的省察,诚如曾经担任"国际货币基金组织"(FMI)[1]总裁达13年之久的米歇尔·康德苏(Michel Camdessus)所鼓励人们的:"我们必须承认,因为我们的不负责任、我们的缺乏互助团结,以及我们为让我们的国家不再自私自利所作的奋斗过于微弱,促成了今天无数穷人的牺牲。对于这块人家委托我们管理的共有土地,我们大家都曾表现得像个轻浮的总督。"("伦理与金融"研讨会,2000年5月)

---

[1] Fonds Monétaire International,一般常用的英文缩写为IMF。

丑 闻

为什么米歇尔·康德苏这段话会在听众之间引起广大回响？每个人应该都会在自己良知深处感受到：数目如此庞大的人口所遭受的苦难，乃是全人类的一块溃疡，因此我们需要更努力不懈地去对抗那些一再图利谋富者的组织结构。

在此，我们触及了问题的核心：我们说的是关于"人"的问题。看着这些和我们一样有血有肉的人遭到如此悲惨的命运，却不采取任何救援措施，这简直令人愤慨，无法接受。拉丁诗人泰伦斯（Térence, 190—159 BC）在很早之前就写道："我是人，凡人之事物皆与我相关。"20世纪以后，另一位当代哲学家艾曼纽艾尔·列维纳斯[1]，也借着召唤"他人"的脸庞，作为思想活力的泉源——这张任何其他动物甚至猿类都没有的脸庞，要求我们赋予他具有同胞之情的尊重。

正因为人不是动物，我们才无法接受这些国际和国家机构所造成的沉重负荷与贪污舞弊。姑且不论一只饱食餍足的狼在一只饥饿孱弱的狗面前是何等景象，一个人在一个快饿死的人面前狂饮豪食的情景，根本就令人无法忍受。即便是最十恶不赦的刑犯，也需要某种尊敬。过去——幸好，现在情况已经有所转变——当犯人被判处死刑时，狱卒会将帽子压得低低地进入囚室，通知他

---

[1] Emmanual Levinas（1906—1995），法国近代重要哲学家。

行刑时刻的到来。

至于《圣经》，从头几篇章节开始，就一再强调人类所具有的无可比拟的价值：人因神注入生气而有了灵性，是照神的形象所创造。这是为何圣徒保罗胆敢写信给哥林多人说："且不知你们的身子就是圣灵的殿吗？"(《哥林多前书》6 章 19 节）尽管如此，《圣经》所记载的人类历史却充满着一个个悲剧，从亚伯被他兄弟该隐所谋杀一直到基督被钉在十字架上。神的启示为每一个人所具有的不可转移的尊严辩护，并反抗一再发生的压迫行为以及无辜者所承受的暴力。

我们的时代并没有比以前好。有谁会相信我们在经过数世纪的文明之后还会处在同样的情况呢？我们任由难以数计遭到社会排斥的人——那些因肤色、国籍、社会阶级而被摒除在社会以外的人——深陷在颓废堕落之中。不论他们遭遇到什么情况，都感受到个人尊严被彻底地抹杀了。难道我们从未听到上帝问该隐的问题："你对你的兄弟做了什么呢？"(《创世记》4 章 9 节）

我总是尽力为那些堕落男女提供援助——但绝大多数时候都徒劳无功。他们处在一种受藐视的状态，人们对此也多半冷漠以待，这使得我也认同起阿尔贝·雅卡尔[1]严厉无情的话语："人变得（抑或这是人家要我们如此相信的）一无是处、费用高昂、数量过多……他们的消失，或许是一件好事……这是为何会产生种种不可避免的自杀性行为——暴力、药物、犯罪——的原因。"耶稣会

---

[1] Albert Jacquard (1925—)，法国知名基因学家和思想家。

会长雅鲁培神甫[1]在一封给弟兄们的通信中，也对这样的现象作了相同的批评："所有一切的核心是我。至于其他人呢？不过是事物而已。唯一的法则是效率。手段是任何有效的方法，不论会造成什么样的影响。"

面对这种把人——这些我知道他们名字，知道他们从小所受苦难的人——当作事物来看待的丑闻，我如何能够心平气和地躲在我自己的气泡里？因为他们的堕落与我肌肤相切。我们如何能够容忍由国际和国家内部权势者所强制执行的丛林法则？如何能够承认经济秩序和战争逻辑比人还要重要？如何忍受富裕国家的穷人被整个社会所排除以及贫穷在世界不断扩散的事实？面对富人处处表现出的冷漠与拒绝分享，我们如何能够放弃？Yalla！前进吧，以马内利！我们应随时准备重新展开抗争。我的弟兄啊！来，来坐在我身旁。让我们一起找出能够还给我们身为人应有面容的办法。

---

[1] Père Arrupe（1907—1991），以主张"走向贫穷"著称，于1965至1981年担任耶稣会会长达16年之久，对近期耶稣会发展影响颇巨。

第二章　与穷人一起

言语的反抗，轻而易举，但要真正付诸行动，则相对困难许多，尤其是有效率的行动。我们谁不曾为了贫穷这项丑闻而愤恨不平，但又有多少人会因此投入积极抗争之中，以哪怕一定程度地解决贫困问题呢？从实践方面来说，我们应该如何避免弱者受到得意洋洋的强者的压迫和排挤？这个问题非常复杂。我从过去失败和成功的经验中，找到了几个答案。

首先，和他人的关系以及建立这种关系所必须具备的尊重和爱等特质，理当被视为一切行动的主轴。其次，与当地居民串联的协会工作不应该只因为具有良善意图而心满意足，必须针对各地需求作出具体调整。第三，对共同福祉的追求应该超越过于狭隘的个人道德层面，我们必须看得更远、超乎个人利益之外。最后，我们每个人都应该担负起自己的责任，让个人参与更具活力。

对人的尊重

这是我从经验中得到的第一个心得：不论在世界哪个地方，

穷人最崇高的欲望、最基本的需求都是博得他人的尊重。在此，我们触及了任何人道行动都需要具备的条件：对所有人抱以相同的尊重。真正的尊重，需要考虑对方的想法。不论在什么情况下，我们都不应该将想法强加于对方身上。每一个人，不论他的社会地位、知识水平、经济条件如何，有着什么样的肤色、健康状况和年龄，也不论他的处境有多悲惨——都是有价值的。每个人都是我们人性当中的兄弟姐妹，就算他酗酒、吸毒、患艾滋病、坐牢，仍旧有权获得他人尊重。他甚至有权拒绝在我们看来对他有益的任何事物。我们不应该对他施加压力；若我们执意顽固，可能会将维系他生存的最后一根线——亦即，他选择的自由——给切断了。

我向来个性急躁，随时都想推人一把，好让事情能进展得快一点。然而，我后来体悟到：穷人最需要的，并不是为他设想，而是和他一起设想，尝试去了解他。他一旦受到信任，就会欣然与人交换他的想法，过一阵子，甚至可能自己找到解决办法，尤其当他感觉备受关爱的时候；反之，则可能养出一批"被资助的人"。信任他选择的自由，乃是助他一臂之力，要他能够自己再度向前迈进。

拥有真正和深厚的友情，是穷人的一项基本需求。这种友情能够产生一种平等的感觉，鼓励人们分享，并激发一种彼此信任的氛围。我有幸亲身接触雷那多神甫[1]，一位非常与众不同的人。他

---

[1] Père Renato，于1985年在巴西成立Casa do Menor Sao Miguel Arcanjo，专门收容无家可归的流浪儿。

的确拥有——而且是最高程度的——爱所有被藐视甚至道德败坏之人的艺术。在一次深长的谈话中，他告诉了我有关他生命的故事。在巴西，他试图帮助无数孩童（他们都还只是一群业余的小混混）从死命追缉他们的警察爪子里挣脱出来。他所采用的方法是以"爱"为基础，那种如同母亲打心底散发出来的爱。他认为，唯有母性的柔情才能够战胜暴力的病毒。他这话是什么意思呢？那是一种超越与孩子相伴时的感受和满足的爱，那是一种永不倦怠的宽容和坚定不移的结盟。当他收容、喂养和教育的某个小孩脱逃时——顺带还偷走了他仅有的一点财物，雷那多神甫呐喊着说："我爱他爱得还不够多。"他会走遍各个贫民窟去寻找这位离家的小孩，直到找到为止；这时，他会双手紧紧地抱住他："回来吧，在某个死亡的骑兵逮到你之前。"

这种友情并非一种温情，而是一种"忠诚"。它有其源头在，亦即，面对某种缺乏人性的特定情况时，内心所产生的触动。这种经验就像是被蒸气掀开了的锅盖一样：我们的心被烫伤了，伤处让你不再有平静安稳的时刻。

然而，光有爱还不够。爱心还必须结合智慧，打造出因不同个人、情况和国家而调整的关系。当我提到尊重以及关心他人时，也包括了对问题进行理性的分析：困难的类型、欲求的性质、物质和精神条件的性质，等等。唯有这样一种关系，才能保证我们不单靠自己的观点，而是借由聆听对方观点来找出解决之道。这需要坚持不懈与顽强不屈，绝不只是一种感觉。

为了进一步说明这点，我想不到比我在贝鲁特造访的"彩虹之家"更好的例子了。"彩虹之家"是由一位年轻人在战事频仍的黎巴嫩所创立的——他被同龄的残障青年流露的绝望之情所撼动。一般人遭到轰炸时，直觉反应是立刻匍匐在地、脸贴着地面。因此，炮弹炸开时的碎片，通常都打在脊椎骨处，不幸被炸伤的人从此必须终生以轮椅代步。皮埃尔·爱以撒（Pierre Aïssa）不断"骚扰"他那富有的父亲，最后弄到了一笔经费，针对每一位年轻残障者的愿望和能力，设计、提供职业训练课程。这所职业支援及培训机构拥有一百多位学员，他们可不是讲求齐整如一的军队。这儿提供了许多形形色色的训练课程：木工、各式手工艺、电工、玻璃工艺等。对残障人士的爱和尊重，并不是要创造出受资助的乞丐，而是能够实现自我期望和靠工作来维生的自由之人。

设身处地感受他人

我们面对的一项永不改变的挑战是要懂得"设身处地"。我的意思是，我们要站在陷于困境者的角度，试图了解他的感受和想法。这还不仅仅只是知道他的处境而已，而是进一步了解他那不显于外、深藏内心的苦楚。如果我们能够和他一块儿走几步路、倾听他的想法，那么就容易一起找到合适的解决办法。在对资料进行任何研究、提出任何计划之前，一个希望做到符合人道精神的行动，必须以关系和陪伴为起始。我是因为花了5年时间在贫民窟生活、聆听和分享——但未采取任何行动——才得以发现一种新的人际关系。我之前从未怀疑过这个事实：我们直觉的第一反应，多半是在利用他人——即便出发点是为对方福祉着想。我们以扑向世界、人和事物的方式，来获得对事情的掌控，这种近乎动物性的直觉反应在我们内心根深蒂固。我们面对的是一种两难的困境：我对世界、人、事的思考和理解，是否只为了他们所能带给我的东西？抑或，我也能够从世界、人、事的真正本质以及我可以带给他们东西的角度来思考和理解他们？要做到这点，就需要每日的良心省察。在人道行动上，正由于我们认为是在做好事、具有良善意图，更容易毫无限度地任凭我们的强势直觉和意愿愈演愈烈。行动会让你上瘾，让你冲昏了头，我们自以为是"超人"。然而，在他人尊重中获得自重，这是人性的一项基本需求。对于这项课题，人道救援工作并未界定出太多准则，因此充满危险——你成了半个神，你自说自听，你变得惹人厌。对自我满意、拥有个人小小的虚荣，并不是一件坏事，这总是不可避免的。严重的是，把"我"当成世界的中心，成了多数人道志愿者的主要行事倾向；就像卫星绕着行星运行一样，凡事都围着"我"旋转：世界、事、他人，甚至自己。我必须说实话，我的内心也经常感受到这种争战——试图摆脱自我的吸引，而以他人的吸引为优先——的冲击力和必要性。然而，我们也必须坦诚，我们不能只是一再地施舍和给予；如此一来，我们容易落入天使主义（angélisme）的梦幻之中。因此，我们应该用一种幽默的态度来接受自我，充满睿智地为自己把脉，接受自己的过失和谬误，同时不断摆脱错误。

在这个前提下，我们还需要补充说明的是：并不存在一种原型，可以让我们依样画葫芦地来建立我上述所谈的关系。事实上，每一种苦难都需要以独特的方式来对待和处理，每一位陷于困境的人，也都是独一无二的。例如，被迫工作而无法受教育的孩童，他们多半有一种苦涩的心理；一旦遇到那些不需要吃这种苦的小孩，除了苦涩外，还会出现暴力。当人徒劳地欲求获得一种福祉时，他自然会对那些享受这项福祉的人产生忌妒，甚至仇恨。要对他们所遭遇的挫折提出补救，必须在试图建立任何关系之前，先放下自己所有外在的优越感，让彼此相遇的基础平等。能够顺利建立这种平等关系的人，多半采取了最快速、最简单的手段来处理这个问题。例子不胜枚举。

安德瑞亚·黎卡迪（Andrea Riccardi）是意大利一所大学的教授，同时也是"圣艾吉迪欧人道救援协会"[1]的创办人，他跟我分享了他年轻时的经验。高三时，他和班上同学决定加入对抗罗马外围巴拉卡蒂贫民窟的孩童问题。他们斗志高昂地出发……然而，受到的却是遭当地小孩丢石头的待遇。他们最后败兴而归；但也对整个事件进行反省，试图找出他们失败的原因。难道是他们富裕的外表一开始就对这些孩童所遭遇的苦难造成了侵犯，以致阻碍彼此关系的建立？我们对穷人的尊重难道不应该首先表现在我

---

[1] Communita di Sant Egidio 于 1986 年在罗马成立，致力福音传道与慈善救援工作，目前拥有超过 4 万名会员，遍及世界 60 多个国家。

们的外表衣着上，寻求与穷人接近？隔天，他们以非常朴素的打扮再次出发。这一次，他们受到了较好的接待。他们和孩童席地而坐，一块儿吃东西——僵局被打破了，他们开始聊起天来。"我们不能上学，也就永远不会读书、写字。"这群高中生于是主动建议提供晚间课程，孩童们群起欢呼！安德瑞亚解释说："我们双方都坚持不懈——不管是我们这群生手老师，或是我们的小学生们。这个成功的经验给了我们很大的回馈。我们学到了一个美好的经验：如何让自己去配合那些被剥夺了最基本权利的人的需求；如何在一种他们感到受尊重的伙伴关系中，与他们一起、为他们而战。我们遵照同样的原则，创立了圣艾吉迪欧非政府组织。这个协会目前拥有 7000 名青年会员，他们都是我们协会为所有人（不分年龄）提供社会服务的主要行动分子。这些社会服务是建立在尊重、倾听的基础上，是一起为正义与和平所进行的抗争。"

我们面对每一种情况，要采取合宜的策略；要发展合宜的策略，就必须从具体认识那注定会造成邪恶与苦难的贫穷开始。克劳德尔[1]曾指出：邪恶（mal）与苦难（malheur）有着相同的字根。法国同样也有一群孩童遭到遗弃，饱受物质尤其是精神上的贫穷之苦。那是一种最可怜甚至也是最可怕的灾难，导致了青少年不带任何悔意的偷窃、强暴、杀人等变态行为。这些青少年个性粗暴、践踏一切法律、藐视任何制裁。他们唯一认同的价值是金钱，他们唯一追求的目标是尽可能地弄更多的钱以换取更多的享乐。杀

---

[1] Paul Claudel (1868—1955)，法国外交官暨诗人。

人在他们眼里如同一场游戏。社会未能提供给他们一个正规、具吸引力的教育，现在更不知如何是好。这些青少年遭到所有体制的畏惧、羞辱和拒绝，他们也仿佛像是在嘲弄体制般地一再回到少年法庭受审——法官已经不知道该将他们送往何处、作何处置了。

然而，不良少年的传道者盖伊·吉尔伯特（Guy Gilbert）却不愿意就此束手无策、袖手旁观。他秉持的基本原则是什么呢？人的价值。他坚信人具有不可减约的价值，因为神是照自己的形象造人；人无论被什么样的垃圾掩盖，他的价值都永远不会消失。我在盖伊·吉尔伯特于法国卢瓦尔河区为一些看起来无药可救的人所成立的"老鹰中心"见到了他。他对我说："这些孩子仇恨人类，所有人都是他们意欲公然挑衅的敌人，然而，他们与动物的关系却截然不同——因为这些动物从来没给他们苦头吃过。我让每个孩子托管一只动物（野猪、袋鼠、单峰骆驼等），他们必须对动物负起责任：喂它食物、帮它刷洗、抚摸它等。小孩和动物之间培养出了一种友情；与此同时，他们因承受并反射出来的暴力而在身上所烙下的痕迹，也逐渐消退了。即使人与人之间一切都行不通时，还存在一种动物疗法！"

这不是很奥妙吗？人的心仅仅因为照顾一个爱他和依赖他的生命，而从仇恨转为柔情。人多渴望能够爱与被爱啊！我们在此面对的是人生命中的一个基本要求：人的存在因建立以相互赠与为基础的情感关系，而有了意义。实际上，在这场为铲除物质和心灵悲惨的抗争中，我们一再碰到同一个关键因素，此即付诸行动去建立以尊重和友情为基础的关系。我再度呼吁：这个关系甚至必须在组织任何形式的人道救援行动之前就要建立起来。换言之，互敬互爱的关系乃是确保敦睦和谐的主要因素，必须伴随所有的人道救助行动。

接力式结盟的工作方式

在我们对和穷人一起、为穷人而战的基本准则所作的分析中来看看，哪些要素可以让行动和计划避免流于昙花一现。首先，我要谈的是接力式结盟的工作。

在刚刚落幕的20世纪中，我特别看重一项事实，那就是人道救援协会数量的急遽增加。我在世界各地接触了许多人道组织，也一直试图了解：为何某些组织的行动能够产生深厚、稳固的影响力，而其他组织的行动却流于肤浅、表面化？我最后得到的结论是：颇具规模的人道救援组织很容易就陷入两大危险之中。

第一项危险是：优越感。我多半是在西欧和北欧国家观察到这个现象，而且连我自己也无法免疫。"我们法国人、英国人、美国人是最优秀、最聪明的。"当然，我们不会把话说得这么白，但这种优越感却仿佛深嵌在我们的心里和思维之中。当我们和第三世界接触，要在那儿进行人道救助工作时，每一个人都需要抵制和抗拒这个可怕的情结。我们的文化让我们向来只靠我们自己、靠个人的成就——尤其当这个成就有卓越文凭为证时；因此，我们对简朴单纯的地方文化所具有的价值、其需求和欠缺，都缺乏应有的认识和尊重。

我们因而容易陷入第二项危险：办公室业务。我们成了成天坐办公桌的公务员，不断地"孵"出一份又一份关于协助发展的杰出计划的杰出报告。在纸面上，一切显得完美无缺，问题是，我们到当地实际考察的时间不够多。因此，我们不知道如何配合当地的要求和规范。我听说非洲某地成立了一家设备一流的医院，然而，这家医院至今却未能开张运作——因为缺乏足够的供水量！我还知道另一家耗资建造、拥有高度精密仪器的医院，那些仪器不是从未派上用场，就是因为当地人员缺乏经验而很快损坏、报销。

关于这点，当费德里科·马约尔（Federico Mayor）还是联合国教科文组织（Unesco）执行长时，就曾经向我透露："一次，我在一个非洲村落被当地一位妇女反诘攻击。她对我说：'你们在巴黎擅自决定了一切，完全没有征询我们的意见。你们提供的是我们不晓得能作何用途的东西，却不给我们最迫切需要的东西。'我对她的话思考了很长一段时间，一回到巴黎总部，立即召集合作同仁：'在你们没有亲自到当地以及倾听当地居民的要求之前，不要给我任何报告。'"

我自己也有一次和马约尔类似的经验。在苏丹闹大饥荒时，喀土穆一家协会向我申请救援，当时我们委员会成员只有法国人和意大利人。我们为了替四万名儿童盖学校所需的资源，四处奔波。我于是要求特别聘用一位苏丹人来帮忙——卡迈尔带给我们一种适应地方文化的崭新能力，他建议我们仿照非洲传统建筑方式，改以芦苇为建材，结果，一切运作出乎想象地顺利。

此外，许多政府对完全由外国人主导的行动也愈来愈迟疑不决。我们不能够再以从前的姿态到其他国家去；我们不再是殖民者，我们是来服务，而不是来领导的。我们也在喀土穆成立了一家完全以苏丹人为成员的协会，这家协会只不过受到"橘色计划"[1]以及巴黎和日内瓦"以马内利修女之友协会"的支持而已。

"天主教对抗饥饿和促进发展委员会"乃积极对抗救济主义的尖兵，他们非常清楚：如果一味以施舍来回应人民需求，只会将他们贬低到叫花子的地位。该协会试图帮助陷于困境者再次成为自己命运的主宰。中国一句名谚最能说明他们行动的精髓："授人以鱼，不如授人以渔。"送人一条鱼，只能让他一天不挨饿，但教他如何钓鱼，将使他一辈子不挨饿。我不免骄傲地指出，我和法国、比利时和瑞士的朋友们共同参与创办的协会，正是遵循这个原则。在此，我将以巴黎"以马内利修女之友协会"的组织章程为例，说明我们的工作方式。组织章程清楚阐明了协会所有决策和行动必须遵照的三项基本准则，这三项准则乃是协会综合成立20多年以来的经验，是从失败和成功之中萃取的结晶。关于每一项准则，我也将举一个具有深刻意义的例子来加以说明。

---

[1] "橘色计划"由 Jean Sage 成立于法国南部，是"以马内利修女之友协会"的主要捐款赞助者之一，尤其支持该协会在苏丹的所有活动。

第一项准则：大力仰赖与当地机构的合作

"以马内利修女之友协会"理事会很依赖在当地实际运作的志愿者所提供的文件资料、亲身见证和分析：该地欠缺什么？当地人民又有哪些欲求？计划会涉及多少人？居民的参与意愿如何？谁能够真正负起责任？我们必须是应当地社工协会的要求，才展开和进行对以上问题的调查和研判。

在此前提下，"埃及促进全面发展协会"成了我们在埃及的合作伙伴，该协会行动领域包括了开罗外围的马尔格（El Marg）地区。在 6 个月当中，我们共同组织与家庭、地方官员和小型社区协会代表的会谈。从这些真正生活在当地的人嘴里，我们得以界定出该地区的欠缺和需求。很快地，这些讨论让我们能够掌握到人们确实需要的服务项目：基本医疗设施、识字课程（尤其是母亲和年轻女孩）、工作机会以及能够提供经济活动的组织结构。经过多次开会和家庭拜访后，我们在埃及的合作伙伴和我们自己一起界定出了需要介入的社区范围、确切的行动项目以及可以参与合作的当地社区协会等等。我们先提供了一份计划草案给相关地区的居民，我们的提案除了获得 30 多个家庭确认外，也博得省立社会事务部官员的认同。

整个计划集中在 5 个村落，牵涉到 3 万名居民。我们和他们共同拟出了下列目标：

——改善 15000 名妇女和儿童的健康情况；

——每年教会 160 个人读书识字；

——成立一所幼儿园，并培训三位当地辅导员；

——提供 150 笔借款以改善家庭经济状况；

——发展社区协会，训练地方团队来推动社区发展并确保计划的后续执行。

"以马内利修女之友协会"（作为"北方"的一个非政府组织）负责草拟计划方案，并向欧盟申请运作经费一半的补助。"埃及促进全面发展协会"则负责向他们的捐款人和其他赞助机构筹募剩下的经费。"埃及促进全面发展协会"和我们共同监督和执行计划运作的每一个过程，并通过一些评估工具，确保所有行动和财务的追踪跟进。

"埃及促进全面发展协会"派遣的专业人员不仅有效回应了当地居民的真正需求，同时也促使两种不同智慧模式的结合：一方面是对当地需求和解决之道的直观研判，另一方面则是行政组织和筹款的能力。

第二项准则：促成独立自主，避免救济主义

我们派遣有专业技能的人，以志愿者的身份到当地培训地方人才，培训一完成，他们自动会功成身退。

例如，"微兰妮基金会"[1] 于 8 年前在菲律宾马尼拉成立。它每

---

[1] Fondation Virlanie 由法国社工人员 Dominique Lemay 于 1988 年成立，专门致力于帮助马尼拉街头流浪儿和儿童娼妓。

年收容300名流浪街头的孩童，提供他们住宿、衣物、食物和教育，同时也参与捍卫这些孩童权利的抗争。

当"微兰妮基金会"内部管理出现一些缺失时，请我们提供协助。我们当时需要从两方面介入：一方面是内部组织和管理，另一方面是儿童的心理辅导工作。

关于第一点，我们协会在马尼拉的协调人与"微兰妮基金会"会长一起挑选了一家能够彻底执行审查并且能够针对协会性质与社会工作的特殊环境提供建议的菲律宾顾问公司。我们的协调人、相关合作单位和"以马内利修女之友协会"巴黎总部，一步步地伴随这项为期两年的工作的展开和进行，我们也提供了执行这项计划的全部经费。今天，马尼拉"微兰妮基金会"已重新改组，干部职务获得重新编派，成员接受了专业培训，会计业务也获得更严谨的监管。这类组织性的整顿和调整，其实是一件非常微妙的任务，它能够在未遭遇任何危机的情况下完成，乃得力于持续性的合作模式。

另一方面，针对"微兰妮基金会"缺乏协助儿童心理专业能力的问题，我们任务的第二环节旨在建立这方面的基础。我们将这项自1997年展开、为期两年的计划，委交一位心理医师来主导。这项计划主要是协助基金会员工，尤其是社工辅导员，认识心理方法以及使用相关评估工具和治疗法。数位菲律宾心理医师接受了这项针对这群被鄙视和被轻视儿童的辅导工作，我们聘请他们来指导和训练基金会员工，之后成立了"表达和医疗中心"(SIBUI)，统合这项计划期间所发展的所有活动项目。对这群被虐待（而且经常是受到玷污）的街头流浪儿的心理辅导工作，如今成为"微兰妮基金会"的一项专长。基金会干部之后也以这领域的先锋之姿，为其他致力帮助流浪儿的专业团体主持培训课程。

第三项准则：让所有人都能参与国际团结互助工程

这项准则旨在落实一种双方都能丰实和成长的人道救援模式，要做到这点，有赖于彼此经由分工合作和共同生活的方式来互相认识对方。"以马内利修女之友协会"笃信：唯有不断通过各式各样的接触和相遇，经验和交流才能更臻丰富。

此外，派遣到当地服务的志愿者团队，也需要经过细心搭配，由出身不同领域的成员组成：学生、正值休假或处于更换职业跑道前转折期的职员、仍旧精力充沛的退休人员，等等。人们想当志愿者的动机也各有不同。密诗苓今年 69 岁，已退休，当她收到通知，表示她的申请已获接受，并将参加周末的行前培训时，整个人为之雀跃不已。多年来，她一直希望能够将她的精力和闲暇时间用来服务他人，达到彼此互惠的目的。然而，许多国际人道组织一看到她的满头灰发就犹豫起来。

一般而言，担任志愿者的意图莫过于结识他人，做有用处的旅行以及为一些建设工程贡献己力。归来后，所有人一致认同："我们是怀着服务他人的心出发，却发现自己满载而归。"我在每位志愿者的口里都听到同样的观点，无一例外。玛嘉丽在参与一项印度救援工程归来后表示："我要给大家的一个建议是，如果你想要全面享受当志愿者的经验，不要抱着依自己的标准去改变世界的念头出发，而要试着去欣赏当地合作伙伴所执行的每一步骤。"

今天，人道工作俨然蔚为世界风潮，它所散发的魅力或许与远方异国情调的吸引，甚至从现实逃脱的欲望有关，但也因为人们的确希望能够奉献自己。在我收到想当志愿者的申请书中，最令人感动的，莫过于那些表示希望自己能在成熟之龄实现年少理想的人。

我以上所说的是，如果我们想从想象跨越到现实，那么在第三世界进行的人道工作需要具备一种伦理和明确的行动准则。然而，请注意，我们同样可能在我们自己所处的环境里，与穷人一起，为穷人而战。我们同样可以身在西方，但为远方深陷苦难的人民努力。事实上，正是许多出现在西方的不正义现象对第三世界造成了极大压力。有时，直接在滋生世界贫穷的发源地对抗问题的原因，比到第三世界国家去围堵原因所造成的后果要来得有效。一心向往到远方进行人道救援工作的人，不该忽略了这个问题："我的首要任务，难道不在寻找个人为促成共同福祉所应担负起的责任？"

选择共同福祉

近年来坊间出版的许多深具价值、关于社会议题的书，支持了我对未来的乐观态度。《伦理或混乱》（*L'Etbiqueou le cbaos*）即为一本精彩之作，作者尚卢·德尔斯（Jean-Loup Dherse）送了我这本书，他的友情令我备感荣幸。我是在华盛顿认识尚卢的，他当时是世界银行的副总裁，之后担任了"英吉利海峡隧道营造公司"（Eurotunnel）的执行总裁，目前则是"日内瓦财经观察组织"的总裁。因此，对引起经济、社会和道德危机的原因，他自然了若指掌，在书里也作出了精辟分析。他以出色的论证指出：在企业内部，唯有追求共同福祉，才是具有高度意义和效率的管理；相反的，为个人利益，甚至不惜压垮别人的激烈斗争，只会将我们的世界推向混乱。他在书里主要传达的宗旨是："人要为人服务，我们全体都必须为世界的良好运作负起责任。"

他的论点清晰明确，而且是针对我们每一个人说的：关心共同福祉意味着你要在你的事业中为他人权益留有足够的空间。

2001年2月，一群加拿大神甫发表了一封名为"共同福祉或排拒——加拿大人民面临的一项抉择"的公开信。在这封信里，他们揭发了这个"富裕"国家内部贫富严重不均的问题，同时呼请政治领导起身对抗这个不公平现象。

世界开始动了起来。我在2000年4月参加联合国教科文组织以"改变世界的穷人"为题的研讨会中，已经欣喜地看到了这一点。这场研讨会是由"天主教对抗饥饿和促进发展委员会"与《生命》（*La Vie*）杂志共同主办。与会讲者的精辟言论使得全场座无虚席，关注这项问题的观众热情澎湃。凯文·道林（Kevin Dowling）神甫向我们揭露了一个惨痛的悲剧：整个非洲大陆的共同福祉被世界排除了。他特别描述了数百万南非原住民的命运,他们被欧洲征服者剥夺了属于自己的土地。我们应该看看他演讲时的面容——他满脸憔悴,仿佛他的脸正反映了非洲土地数百年来遭到蹂躏的残酷命运。事实上,虽然欧洲殖民者也在非洲创办学校和医疗中心,然而再怎么说,他们都是为自己的利益着想,使用了非洲的美好土地,甚少顾及原住民的福祉。欧洲殖民者为维护自己的权益,利用非洲种族冲突的问题,不协助培养具国家领导能力的本土精英人才。殖民者一旦撤离,便留下了引发日后大屠杀的祸患。我们白人到底对我们的黑人弟兄做了什么?尸横遍野、血流成河,该隐啊,你对你的弟兄做了什么呢?

幸好,和穷人一起、为穷人所进行的抗争,目前因世界各地发出愈来愈多的声音,迈入了一个崭新阶段。这些抗争是否能够彻底改变当前权势者对世界所持的态度?富裕国家所关心的,多半是如何维持或增加他们的国民生产总值,只是他们自己国民的共同福祉而已;更确切地说,是那些在工业界和商业界积极活跃分子的共同福祉。因此,无论如何,都不是真正的共同福祉;真正的共同福祉总是带有一种普世性的影响。

其实,在具世界影响力的人当中,我们也听到了想将消灭贫穷的抗争普遍化的声音。每个人有他不同的任务:联合国秘书长科菲・安南(Kofi Annan)毫不犹豫地投身到这个竞技场。2000年4月,他提交了第一份关于《联合国在21世纪的角色》的报告书。他要求所有会员国能够提出标列时间表和具体数据的措施来对抗全球性灾难。同年9月,他在联合国纽约总部召请了150位国家首脑开会,分析他们对他的报告的回应。他们会后发表的声明,掷地有声:所有国家致力在2015年之前,将世界的贫穷现象减低一半,儿童死亡率降低2/3,并确保所有孩童都能接受小学教育。

如果这些雄心勃勃的计划能够确保拥有所需的运作经费,那么我们将对这些在纽约作出的决议完完全全地心悦诚服。我们期待一些如微软的庞大私人企业能够支持这些计划,微软捐助了5000万美元对抗脊髓灰质炎疾病。时代华纳公司的泰德·特纳也承诺捐赠10亿美元。然而,诚如加纳总统指出:正是这些亿万富翁用极其微薄的工资,让包括孩童在内的发展中国家的可怜人民为他们工作,而得以不断聚拢私人财富。这些跨国公司以低价获取第三世界的资源,并让这些国家停留在苦难的生活条件。因此,我们仍处于共同福祉的对立面,距离彻底扭转不公平的世界观依然非常遥远。对那些操控国际经贸的极自由派人士来说,"共同福祉或混乱"这句口号仍未被纳入当日议程的讨论范畴。事实上,要让这些人看到比股票市场操作更长远的发展,简直是一项令人绝望的尝试。他们偶尔会慷慨捐赠一大笔金钱,一方面能够满足自己的良心需求,同时也达到好的广告效应。

然而,"被排除者"暴力的急遽上升,已成西方国家内部的一项隐忧。一些治安问题严重的郊区充斥着失业人口;血气方刚的年轻人随时准备砸东西和纵火。另外,在第三世界人民眼里,富裕国家俨然是一个天堂，一座充满财富和享乐的宝库。许多人被心怀不轨的人蛇灌输了大量对西方不实的幻想而决定移民，他们不仅为此付出了毕生积蓄，而且绝大多数最后都流落到如宿舍般狭小拥挤的大楼社区中，生活处境极其悲惨。该撒利亚的主教圣巴西流（Saint Basile de Césarée）、圣约翰·克里索斯托（Saint Jean Chrysostome）、托马斯·阿奎那[1]以及许许多多其他人，很早以前就声明福祉应为普世共享。我在他们之后也要再次重申：处于特殊、优渥阶级的人，必须负起道德责任——将福祉与一无所有的人共享。

哪一种行动最直接有效，最能够达到共同福祉——至少也能暂时舒缓世界不均所导致的危险？这个问题的关键是分享。它不只是施舍，而是要求将财富公平地分配到全世界。大家都认同这项基本原则，但有谁已经准备好愿意改变他的消费习惯，接受一种比较朴实的生活，并要求国际机构建立在正义的基础上——哪怕因此妨碍了他个人的野心和权益也在所不惜？

早在18世纪，孟德斯鸠不就已经将个人、家庭和国家利益予以相对化，提出以普世福祉为优先的论点？"如果我知道某件事对我个人有益但对我的家人有害，我会将它从我脑子里抛弃。如果我知道某件事对我的家庭有益，但对我的国家不利，我会试图将之遗忘。如果我知道某件事对我的国家有益，但对欧洲有害，

---

[1] 皆是基督教史上的著名圣徒：Saint Basile de Césarée（329—379）、Saint Jean Chrysostome（344—407）、Saint Thomas D'Aquin（1225—1274）。

或是对欧洲有益，但对人类有害，我将视之如祸患。"

然而，根据经验：我们甚少能够当机立断，并对抗个人权益，我们通常都等着情况不断恶化，直到一切为时已晚，事情已演变成灾难，谁能预测明日世界将是怎样一番景象？

尽管如此，我们也不该过于悲观——如果说，我们怀疑各国政府是否会落实他们在联合国宣称的美妙诺言，我们不认同某些投资模式，我们也很清楚人多半无法接受主动放弃某些优惠待遇，我们却不能否认，为消除灾难所进行的抗争正日趋强化这个事实：是的，的确还存在着一线希望，因为世界已经动了起来。然而，究竟是谁掀起了这波震荡呢？正是那些不虚假、不浮夸、实实在在做事、在警醒人们良心的人。

负起个人责任

我们每一个人，不论行动范围是大是小，都是实现一个更公平世界的关键锁匙。对某些人而言，他们可能从"职业"的角度介入。今天，成立一家关怀年轻失业者、协助他们返回社会的公司和企业，需要具有一定的勇气。以下是维若妮卡寄来的一封信的部分摘要："身为公司创办人，我经常问自己：公司的目标为何？我认为，它至少具有社会和经济双重目标。当我回首看这两年来聘用的年轻人，他们之间多数人如今都已结了婚，有一或两个小孩，也学到了一技之长。甚至从身体外观来看，他们也改变不少，变得比以前魁梧许多。他们已经能够再次将生命掌握在自己手中，这是我最引以为傲的。"

关于这点，美国《时代》杂志2000年5月的一篇深具启发性的文章吸引了我的注意。这篇标题为《欧洲的就业挑战》的文章宣称：欧洲至少有一亿份工作机会（数字就是这么庞大），因为缺乏专业技能人才而无法获得创造。换言之，造成失业问题的部分原因，在于年轻人面对现代职场的准备不够。此文作者詹姆斯·格拉夫（James Graff）极力宣扬改革教育制度，他认为，企业界对于培养青年的专业能力能够扮演更积极活跃的角色。不论这类分析针对的读者是谁，它难道不能也作为刺激我们自己思考的起点？在我自己所处的位置上，我能够帮助哪些人依照当前市场的需求来发展他们的知识和技能呢？我能够负责协助一名年轻人加强和补救他在学业知识上的落后吗？我能够说服更多公司老板接纳缺乏专业素养的人来加以培训吗？

对另外一些人来说，他们的个人责任或许可以发挥在"住"的问题上。目前巴黎约有10万间空屋，然而，省政府、市政府和国民住宅管理处却堆积了6万户家庭的住房申请书。这10万名房主如何能够心安理得地高枕而眠呢？在法国，有100万人居住在甚为恶劣的环境中。在此情况下，我们是否有权拥有仅供几个周末休憩用的豪华别墅？我只是把问题提出来而已，虽然对住房的课题，我不够资格作任何评断和仲裁，但我一点都不怀疑：这问题一定会引起有效的回应。

泽维尔·艾马纽力[1]和皮埃尔教士并不是唯一试图想要解决这个重要问题的人。他们一而再、再而三地反复谈论这个问题,以动摇公共舆论。我自己也不断地思考这个问题。多少个夜晚,我为许许多多的游民弟兄们在外头某处冷得哆嗦打寒战,自己却有暖烘烘的房间可待而感到羞愧。为何是他们而不是我呢?唉!如果我再年轻一点的话,我是否会铆足全力与他们一起为他们而抗争呢?我还能做什么?

我认为,一旦我们有机会亲身体验苦难,个人责任感自然会萌芽开展。一天,我向巴黎总主教卢斯提格(Lustiger)建议,请他鼓励修士偶尔到巴黎桥下过夜。这难道不是让他们了解游民问题最直接的方式吗?或许,他们日后就会质疑为什么他们担任神职的房子里会有空房间?我并非希望所有人都经历灾难,我最厌恶"灾难主义"了!我只不过希望人人都能给予自己唤醒良知的机会。

我在一家书店翻阅书籍时,发现了巴雅尔德(Bayard)出版的一本珍贵小书:《另类工作、工作、失业、团结互助》(*Travailler autrement-Travail-Chômage-Solidarité*)。我非常欣赏书中所列举的一些简单、人人都能轻易理解的真实个案。事实上,我们大家都可以创造一些具社会连带、相互扶助价值的正规工作,提供某位失业者一份对社会有益的工作。这类工作的类型极其繁多,我们

---

[1] Xavier Emmanuelli,前法国人道工作部国务秘书,国际社会紧急灵活救援机构 SAMU Social (Service d'Aide Mobile d'Urgence Socail) 的创办人。

可以请他们管理花园、照料老人或病患、执行家务工作、晚上陪小孩做功课，等等。我偶尔会从某位游民口中听到："我终于在一个家庭找到一份工作。我多少成了家里的一分子。"我难以形容他说这话时有多么骄傲！难道我们所有人不都是被召唤来将落入井里的人救出来，并让他在社会获得一席之地吗？

在那些退休老人跟我吐露心声的语气里，我也感受到了同样的喜悦："我现在是某某协会的成员，担任某某社区工作的志愿者！"人的心难道不正是因他为自己和他人建立了一种社会联系，因他帮助某个人重新站了起来并向前迈进而欢喜颤抖？这类举措和行动，并非只局限在个人层面，有些人则倾向选择以结盟、组织、团体的方式来一起思考和行动。以下是我不久前在一项由"天主教救援协会"组织，邀集企业首脑、经济学家和非政府机构负责人参加的研讨会上听到的回响。我高兴而惊讶地发现，整个会议期间，没有出现任何关于必须如何改变世界的高谈阔论，没有人高谈宏大崇高的人道情感——这充其量只能唤起一些短暂的情绪（这也是我害怕自己有时会不小心犯的毛病）。从一开始，研讨会主席就建议大家介绍一些个人亲自介入和参与的活生生例子："我其实不过将我弃之不用的车库让给一名可怜家伙住，并提供水电，让他得以保持干净清爽。"这与某天一位游民跟我说的不谋而合。他以微微发颤的口吻说道："自从我住在一个车库之后，我的生活有了一百八十度大转变。我不再是个终日游荡街头的可怜虫。"另一位与会女士则强调我们应该对孩童负起责任，甚至是别人家的小孩:"我有一位朋友,没时间照顾她的小孩。我有权漠不关心吗?我自己的小男孩得天独厚,因为每天晚上都有人到家里来指导他做功课。现在,他们两个小孩一起接受课业辅导。"

研讨会一项重要的课题是:肯定团结互助和社会正义之间的紧密关联。我从多方面也认同这个看法。尤其,我认为凡事都有一个公正的回报。采取相互扶持和团结做法的人,实际上与他作为人的本质产生了呼应和共鸣。这时,他会体会到一种充满性灵的丰富感。当然,这并非他欲求的首要目标,然而,凡是能够负起为他人谋求福利之责的人,同时也进入了他那自由、具有同胞爱的人性本质。

现在,也让我们不拐弯抹角地思索人性灵魂所具有的一个阴暗面:面对成功时,我们总乐意强调我们在其中所扮演的重要角色;相反地,当事情搞砸了,这多少总是别人的错!同样地,我们倾向于将造成组织性不公平的责任推诿到他人身上。当然,跨国企业、国家政府、政治人物,都有其要担负的责任;然而,是谁在买大公司的股票?是谁把某某人推上了国家领袖的位置?难道不是我?不是你?不是我们大家吗?我们这些消费奴隶,难道不是执迷于一再拥有更多的欲望吗?抑或相反的,我们也关心能否建立一个更公平、更均衡的社会,甚至为了让他人能稍稍拥有更多一些,愿意自己少拥有一点?如果有人要动我的特权,我马上闹罢工、上街抗议。今天在法国,我们已经养成了一种与孟德斯鸠所倡导的完全背道而驰的心态和行为:我们同业团体的利益比国家利益还重要，我家庭的利益比同业的利益更重要，我个人的利益比全家人的利益更重要！人人都以其享乐为重。

我建议我的读者，从明天开始，每天都自我省察：在我此时此地所负责的领域当中，我对周遭人的生活是纾解抑或加重了负担呢？每一个零件都需要为整体负责，唯有神清楚我正面或负面态度所引起的后果。我们需要在此略作驻足：是否因为我，我遇到的人会更快乐？不论我是工厂主管、教师、家庭主妇或工匠，我日常的存在、人际关系和工作的模式，是否加重了众人生活的负担，抑或相反的，改善了整体氛围与福祉？

我长篇大论地呼吁大家要发挥个人的责任感，这是本章的核心问题所在。的确，我们要行动，但为谁？用什么方式？在什么条件下？在此，我希望整理出和穷人一起、为穷人而进行的有效行动所需具备的几项重要准则，作为本章的结语。

心

什么是启动人与人之间鲜活关系的锁匙？答案是：帕斯卡[1]观念里的"心"，换言之，是人最私密的核心，是智力、情感和意志聚合之处。那是一颗温暖和燃烧的心，为我们与他人的接触提供了热情与生命。要认识和了解他人，不能透过冷酷的推论、单

---

[1] Blaise Pascal（1623—1662），法国著名的思想家、数学家、物理学家，近代概率论的奠基者。

纯的感性抑或严谨的决心，而是发自整个人的一种直觉冲劲。每个人按其个性会采取不同的方法，然而，凡是具有人道关怀热情的人，其内心都燃烧着火焰。

伙伴关系

人道工作成功与否的另一关键，在于伙伴关系的工作模式。这个伙伴关系指的当然是协会和组织的团队工作，同时也包括和地方机构之间的合作关系。然而，对我而言，在这一切之先，伙伴关系指的是成为那些受苦受难者的伙伴。我们的首要任务是倾听他们，因为他们比任何人都清楚自己之所以陷入困境的原因以及希望解脱的目标。因此，很自然的，深陷困境之人应该是环绕在他们四周的人道志愿者最需要去深入理解的对象。

尊　重

如果不能对穷人表示尊重，那么人道工作就不可能达到任何效果。一个人的内在态度会自然地流露在他的眼神、手势和语调之中，能够被那些受到命运压制和磨损的人立即感受到。优越感会扼杀接触，尊重则会建立接触。当行动散发出一种平等的氛围时，与穷人一起、为穷人而进行的抗争就能够获得它的主要力量。自立自主是所有人都欲求获得的首要目标，因此，能够在不再有用时懂得立即放手和退出，是一种智慧之举。所有参与人道救助工作的行动分子——以及配得上这个称号的人——都需要遵循这项准则。

共同福祉

共同福祉，是所有人和每一个人都能过好生活的关键。要达到这点，我们需要清楚了解：若任由超过半数以上的人口过苦难生活，世界会卷入什么样的混乱之中？世界财富的持有者啊，你们想过这点吗？一味紧紧抓着自己权益不放的国家、机构、企业和个人啊，你们是否了解到，这是一个生死攸关的问题——不仅是对他人而言，而且也对你们自己。否认共同福祉，只会让这世界慢慢地变为一座火山。当反对不正义的岩浆积聚得愈来愈多时，火山是否终有一日要爆发？

良　知

我们可别忘了，在这场为争取正义而进行的紧急抗争中，每一个人都应该直接担负起个人责任。这指的是，我们应该清楚体认，我们所参与付出的这一小群人的命运，是直接托付在我们个人手里的。在全世界实现公平与正义看起来是一个美妙的乌托邦之时，在我们所处之地、我们的家庭、我们的建筑大楼、我们的工作场所、我们的巷子、我们的社区推行正义，却是我们个人所应肩负的首要责任。唯有从关怀自身家园做起，我们才能够真正体会到从第三世界发出的求救。

在与穷人一起、为穷人而战的不同面向中，人最人性化之处将超越个人："人无限的自我超越。"（帕斯卡）

第三章　贫穷的富裕

我最近碰巧读到 1759 年杜德芳侯爵夫人[1]写给伏尔泰信里的几行字："凡声称人在贫穷之中能够快乐和自在的人，都是骗子、疯子和傻子。"然而，我却认为人在贫穷中确实能够快乐和自在——这也是本书的主要诡论，那么，难道我是个骗子、疯子、傻子？这留待读者自行判断。

现在就让我们直接切入问题的核心。并非贫穷、匮乏能够立即产生一种新形态的富裕；也不是因为有钱、富足，就会马上导致一种特殊形式的贫穷——这是显而易见的道理！我首先要揭露隐藏在富裕背后的负面现象，以便接下来进一步阐述我所谓的"贫穷的富裕"。

富裕的贫穷

我们所有人都经历过一种状况，不论是在他人或我们自己身

---

[1] Madame du Deffand（1697—1780），是一位具有文艺品位和鉴赏力的法国贵妇，她的"沙龙"为当时作家、艺术家、知识分子的聚集之地。

上：有多少次，对于自己的财物，我们的心会猛然地关闭、紧缩起来？我们隐隐约约感到一种焦虑：小心别弄丢了，别让人给偷了！"拥有"的心态，不正是问题的根源之一吗？卢梭曾经指出：人的不幸，是从他将一小块土地围起来，并宣称"这是我的"那天开始。为什么这是一种不幸呢？因为人在围地的同时，也将他的心给筑篱起来。人开始变得多疑，他看别人的眼光也完全改观。一切再也不像从前，邻居在他眼里成了一个潜在的危险。

我在埃及亚历山大时，曾经到沙漠医治贝都因人的小孩。这群游牧民族住在比邻而立的帐篷里，谁也不用防谁，反正大家都同样一无所有。除此以外，帐篷也是一个开放给所有人的空间，随时都有人进进出出。一天，这些贝都因人经营了一项颇为成功的买卖，不消几个月就富了起来。当我再次造访时惊讶地发现，帐篷全换成了坚实的房子，门窗关得紧紧的。他们彼此分居而立，人也变得疑神疑鬼。那是一种犹如白天和夜晚的差别。

大多数情况下，当人开始囤积物资时，他同时也失去了和自然环境之间那种单纯而重要的关系。一种特定类型的富裕，会滋生一种特定类型的贫穷，一种"荒漠化"，滋润社会生活的甘泉逐渐趋于枯竭。今天，住在高楼大厦里的居民，隔了一层楼就互不认识，小心翼翼地将门上了锁。人与人之间互不相看、互不攀谈、互不交流。帐篷那种开放的氛围跑到哪儿去了？

在我收到的许多信中，不时流露了强烈的挫折感："我在我精美的公寓里，孤独得要命。"这种分隔、断裂的现象，甚至也发生在家庭里，许多年轻人深受其苦，有的还因此走上自杀之途。还有哪种贫穷比深陷绝望的可怜人所面临的更为极端？

在我去过的许多富庶国家中，我经常在人们的巨大期待里同时感受到一种强烈的不安全感。那像是一种煎熬，呼吸困难，快要窒息。每个人都感到被孤立，其他人全是潜在的攻击者。人人都觊觎邻居的财富。当内心升起一种去参与救助苦难的欲望时，他们就像是灵魂无意识地希望在穷人身上找到自己缺乏的东西，一种不可名状的丰富。第三世界国家的人民多半只靠贫乏条件勉强过活，只有看太多美国电影的人才会有脱逃的欲望，这时，他们企求达到的是自以为"最大"的幸福。

让我们尝试更进一步地掌握"富裕北方"和"贫穷南方"之间生活模式的差异。富裕北方的人民对他们的科技、对他们作为自由和有组织的社会公民的权利、对现代性引以为傲等，都视为理所当然。然而，他们每天从早到晚为事业奔波，他们为各式各样诱人的广告所吸引，不停地追求新颖的消费品。他们置身在繁杂琐碎的日常事务中，根本没有任何时间去关怀社会的其他面向，甚至连关心自己家庭的时间都没有。

"南方"的生活步调就显得缓慢许多。在那儿，人际关系居日常生活首要之位。生意是在闲话家常中谈出来的。与家人和社群之间的聚会，构成了生命的基本脉络。四壁萧条的木屋以及缺乏娱乐场所的小街道，对穷人丝毫不构成任何外在诱惑。在那儿，没有任何人会被排拒在家门外，病人、孤儿、老人都是家庭活生生的一分子，他们具有神圣不可侵犯的价值，在木屋里依然拥有一席之地，家人也总是围绕在旁。而北方文化的特有现象则是人际关系（特别是家庭关系）普遍遭到"去神圣化"；在北方国家，不具生产力的人就会被排除。

在欧洲，我拜访过许多养老院。这些养老院经常有着富丽堂皇的外观，但坦白说，很多养老院根本就是老人等死的地方。一些可怜人在那儿孤独地度过余生，他们有时遭到亲人的抛弃。一位掌管这种鬼地方的院长跟我透露，有些家人甚至连葬礼都不出席。物质优渥但缺乏爱的富裕老人，他的内心作何感受呢？

此外，物质匮乏的人拥有一颗丰富的心灵，相反的，心灵贫乏者却物资优渥，这不也是我们日常生活中常碰见的情况吗？为什么我在沙漠医治她儿子的贝都因女人，能笑逐颜开地将她仅有的一只鸡刚下的蛋送给我呢？为什么那位法国亿万富翁却不能实现承诺，给我他答应捐给饥饿儿童的资金？他沉浸其中的财富难道和他黏得那么紧，让他这般一毛不拔？贫穷是否让灵魂变得轻盈，以至于能轻松自在地与人分享一切呢？

我满心欢喜地举以下这个甜蜜的例子来说明我的论点。我在卢森堡友人家时，一个小男孩从嘴里取出一颗糖放到爸爸嘴里，同时发出足以让玻璃震动的清脆笑声。这名小男孩因减少自己的一些欢乐、将欢乐送给爸爸而感到狂喜。年仅3岁的他，已经展露了人的基本喜乐——这个因与他人建立关系而滋生的快乐，比自己独享所获得的快乐更大。小男孩在无意识当中寻求与人分享。唯有关切分享、平等和正义，方能减少腰缠万贯者的傲慢。

我花了很长的时间，思考"北方"和"南方"这两个不同心理状态之间的本体性（ontologique）差异，这个问题触及了人性精髓。人是否需要抛却对他造成妨碍的"过度满溢"，才能展现真正的自我？真实自我难道只能在放弃窒碍了他的资产之后才得以显现？"贫穷"是否是让人能够呈现其原初面貌、其独特人性的条件？这个贫穷难道不是从一种过于沉重的负荷中获得解放？尽管如此，请千万注意，我们的理想并非追求如贫民窟一般的一无所有，但也不是将所有精力全花在过量的囤积以及表面化的膨胀上。最理想的状态是，因我们所拥有的以及我们的本貌而欢欣喜悦，不需要与他人比较，看重人与人之间的关系，花时间去体验无私的交流，与我们周遭的人热切分享。这种存在方式充满了源源不绝的生命活力，它是一种"富裕"。

贫穷的富裕

在开罗贫民窟和当地居民一起度过的 22 年当中，我以甚为独特的方式体验了这种存在方式。

慕斯塔法伯伯是我的一位伊斯兰教朋友，打一出生就是瞎子。在贫民窟，他每天都坐在垃圾堆的一个箱子上，就在我住的那条小巷子的另一头。能在他身旁呆上一阵子，总是一件令人开心的事。

"Ezzey âk, ya Bâbâ？"（伯伯，你好吗？）他掉光了牙的下颌笑了开来。他以唱歌般的声调回答："Achkor Allah！（感谢安拉！）我听着四周的声音、公鸡的啼叫、小孩的哭喊、汽车轰轰的引擎声、某个捡破烂人的问候。我和在我四周欢唱的生命合而为一，我的心也与之齐声高歌。太阳让我温暖，清风让我凉爽，邻居给了我一些蚕豆，我什么都不缺。Achkor Allah！"

在这个为黑夜笼罩的脸庞上，散发着祥和的光彩。他浑身充满了智慧，那种因为一无所有，也因此不为所动的智慧。他坐在垃圾堆上，享受着一种非凡的财富：生命的喜悦。他找到了奥秘所在。他既不划地自限，也不封闭心灵；相反的，他与四周一切建立了友好关系。他使用而不拥有。他虽贫穷，却也是最富裕的。慕斯塔法，赤裸之人，他拥有一种稀罕的力量：能看到每一个人外表底下的美好良善本性，那是神造人之初的原始本质。在不断流逝的时间里，他看到了一种永恒的共鸣。

欧姆·哈尔比是贫民窟一位罹病的老太太，她同样也品尝到了幸福甘泉。一天晚上，我到她堆满了垃圾的小木屋，她躺在床上，儿子陪侍在旁。我们刚开了一所养老中心，有舒适的床、可口的饮食、完善的照护；我建议送她去那儿。她看了儿子一眼："噢！我的宝贝，我怎能离开你呢？""噢！妈妈，让我们待在一块儿吧！"我永远忘不了这两位彼此相爱的人脸上散发的喜乐光彩，那栋破房子似乎顿时也明亮了起来。

施与和接受大量的爱，让人如此富足，使得其余一切看起来犹如虚幻，这时，灵魂尽情地享用原初泉源。请注意！纵情享受乐趣、沉浸在所选择的某个领域的富裕之中，自然也是提供极大满足感的一项来源，我完全无意要反驳这一点。我只是认为，娱乐消遣的漩涡只会对人造成干扰，让他无法尽情享受能够满足他最私密饥渴的喜乐——这饥渴不正是在活着的每一瞬间，与周遭环境建立一种和谐关系？然而，要拥有这种和谐关系的前提是，人必须给自己一块开放、不受私欲缠绊的处女地，因为自私欲望必然会阻碍人希冀获得的融洽关系。我们在此触及了心灵最深邃之处，在这儿，人是赤裸光秃的，摆脱了所有不真正属于他的东西。在这根源底处，有人所无法抑遏的需求：与他人一起向前迈进。与世间万物维持一种真诚友善的关系，是所有人类的需求，然而，只有在第三世界国家才获得实现。富裕国家的人内心也有此渴望，但这方面却是匮乏贫穷的。富裕国家的人民体现的是一种匮乏，一种生命的贫穷，第三世界国家人民反倒享受着一种满溢，一种生命的富裕。

在简单朴实中与"人"相遇

那些到过第三世界国家参与人道工作的志愿者，换言之，曾经从第一世界跨越到第三世界的人，都异口同声，有着相同的心情。我总喜爱利用晚上聊天的时候，倾听他们的回响和反应。其中一位嚷道：

"在这儿,我感到自己从外貌、表象、面具的肤浅中解放了出来。"

"至于我,我感觉内心真正的自我终于获得全面开展。"

另一位则谈到他很高兴能够经历到单纯、自然、快乐的友谊。

还有一位则大声说:"我嘛,信不信由你们,我学会了微笑!"

当我日后又在欧洲遇到这群年轻人时,他们仍啧啧赞叹:"啊!那真是一段美好的时光!"这时我就会狡辩说:

"可是你们在那儿什么享受都没有,吃的是简单粗糙的食物,睡的是硬板床,做的是令人疲惫不堪的工作,生活可说是十分清苦啊!"

"或许吧,但我们拥有丰富热情的友谊,在公正公平中彼此分享。我们终于找到了生命的意义和自我最好的一面。"

"而且,和其他人共同进行一项能够改善生存状态的计划,这是何等的快乐啊!"

"修女,您知道吗?虽然现在看来颇为愚蠢,但在那儿的无数夜晚,我们竟然能够不停地讲着一大堆无聊的故事并乐不可支!如今,我们都在寻找真正的价值。"

他们终于说出了追求的目标。他们是如何发现这些真正的价值呢?令人惊讶的是,这些出身富裕家庭的年轻人竟然愿意体验那最不堪的悲惨生活。他们之所以愿意接受,是因为他们感到所处的人造天堂其实没有多大价值。他们一旦卸下虚假的艳丽光彩,便能展开与"人的本质"的真实关系;在这种关系中,人与人在简单朴实之中相遇。这犹如一个重生的奇迹：人最私密、最不为他人所知、最丰富的部分,得以获得显现。它看起来就像一块"和平绿洲"——在那儿,人们在和谐与分享的喜乐中共聚一堂。

罗丝琳和克里丝汀娜两位欧洲女孩,于1999年跟我谈起她们喜乐的奥秘时,也是同样的说法。罗丝琳向我倾诉:"我因一次突然的感情变故,整个人心烦意乱,决定到印度3个月去帮助孤儿。我承担了失去一切财物、健康等的风险,我住在到处都是蟑螂、跳蚤的地方,喝受污染的水。然而,每一次和这些小孩坦然分享的机会都带给我奇妙的财富,我的灵魂因他们的眼光、他们的笑容而满足。终于,我接触到了人性的根本,神在人身上的气息。在完全的物质匮乏,没有任何撩拨感官之物,远离了人从不满足的消费文明中,我发现了自由。"

回到欧洲后,罗丝琳成立了一个专门帮助受虐儿童的协会"Prema",她收容了10多位小孩,她家成了"幸福之家"。克里丝汀娜稍后也加入其中。她曾经历多次感情纠葛,也知道何谓苦楚。今天,她不惜为他人而自我匮乏。她的人生也从此完全改观,"当我施与的时候,我感觉到心里有某个东西不断在扩张,我的心变大了,我可以感觉到获得滋养。心灵的空虚,是以往一直无法平息的某种饥饿感,一种匮缺,如今获得了满足。在这个喜乐和痛苦的分享过程中,我终于找到了生命的滋味。"

有人可能在读到这些振奋人心的段落时,会说:"这一切听起来非常动人,但你对贫穷如此高度颂扬,这一来不成了产生贫穷的体制的共犯了吗？归根结底，这些穷人对那些帮助他们的人反倒是有用的。"我们要明白：并非体制本身造成贫穷，体制导致了财富分配的不均，这是丑闻——这一点，我在第一章已经阐述甚多。我们在这儿说的是比体制更深层的部分，尝试触及人隐藏在最私密、最深邃之处的特质。事实上，绝大多数的人都生活在表象之中，他们对自己内心的幽深处一无所知。他们不知道自己为何不快乐，尽管浸淫在物质财富之中。他们一点也没想到：正是这外在的富裕窒碍了个人的全面绽放。人要获得全面绽放，并不是在表象中，而是必须在最个人、最私密之处臻至。

因此，要让幸福之路敞开，就必须付出一定程度自我匮乏的代价。一般而言，这个外在的匮乏，是沉溺在享乐的神奇魅力之中的西方人所难以忍受的。他们深陷其中，不能自拔，一旦感到缺少这些享乐，他们立即愤慨反抗。然而，接连不断的享乐却也无法让内心获得满足。这是一种挫折感的无尽循环。这时，我们会试图靠帕斯卡式的"消遣"——"人倾向于通过激动来获得休息"（《沉思录》139页）——来麻醉自我。若内心还是无法获得平息，我们就将个人苦恼不安的责任归咎于环境，并断绝一切联系。我们的社会本身就是这种断裂机制的最佳写照，也正是在这层意义上，我们的社会是一个暴力的社会：离婚率遽增、行会主义式的罢工、无缘无故的暴力行为、关系的分崩离析。

我该对每个人说什么呢？"让你自己从对幸福毫无助益之物的眷恋中解放出来。"我并非建议大家要将这些财物从窗户丢出去，以便过着和慕斯塔法一样的生活！绝非如此。我指的是一种精神上的洗涤，在快乐中摆脱事物的羁绊。当然，人喜爱享受某种程度的舒适，这本天经地义。重要的是，不要将物质舒适视为生命的终极目标，要能够向他人开放，主动与人分享，泰然地放弃某些事物、某项动人的旅行。这时，我们就能达到一种灵魂上的富有，不再觊觎他人。

我的一些朋友，尽管置身于优渥、表面化的环境之中，却能勉力保持一种摆脱虚浮的清醒生活，欣然与境遇较差者一起分享。他们创造了一项奇迹：呈现人的真实内在。我说这是奇迹，虽然吊诡但也合理。因为，在西方，要简简单单地做个"人"，有时要靠奇迹。事实上，这是一项艰辛的事业，需要懂得逆流而行、心平气和、放弃表象以达到人性的原始甘泉。如果人的本质会消失在消费社会诱惑的漩涡之中，它也能够因摆脱虚假表象而重新显现，因为与他人一起体验的贫穷会让人重现人性特质。

剥除表面的光彩和诱惑

在此要特别提醒：贫穷并不等于悲惨生活。事实上，悲惨还包括了基本需求的被剥夺：因缺乏粮食、衣服、住宅而挨饿、受冻。我在埃及认识的穷人，虽然食物粗糙但够填饱肚子，衣服简单但够保暖，还有一个庇护全家的简陋小屋。他们快乐地生活在其中，因为他们所属的群体才是他们富足的泉源。他们拥有安全感，因为他们是一个朝气蓬勃、不会分崩离析的团体的一分子。大家能够齐聚一堂，生死与共，这是何等美妙啊！

在同质性强、非常团结的群体里——第三世界大抵如此——人与人之间有着深切而热络的关系，这为生命添加了活力和色彩。与赤裸、真实的人性相遇，灵魂将得以无限深化。人不再停留在一种共同思想的表象、在媒体塑造的单一思想中，而能大量汲取一代代传递下来并不断丰富的智慧。历代相传的智慧，并非任何理论教育，而是一种生命传统的结晶。它教导人莫让生命变得苦涩和贫乏，要品尝每一时刻的滋味，并与邻人分享。为何需要一再地囤积、聚拢呢？穷人踩着轻盈的步伐，不为明天忧愁。这不一定总是一项美德，但对穷人而言，明天并不存在。他们充分领略此刻当下的种种，以开放的心来迎接一天当中简单、悄然的生命片刻——可以是一句话、一个趣味横生的手势、一阵开怀大笑……因为一连串鸡毛蒜皮的小事，时间的重量变得轻盈起来。

在贫民窟，人因事物的光裸、相逢的欢乐而有了价值。在这儿，时光不在空虚中悄然流逝，反而承载了人类文明的重量。每个人都是实实在在的自己，与他人互相信任，因为当一切外在都剥光除去时，剩下的就只是"人"而已。我在贫民窟学到了享受人际关系的滋味，我了解到：人际关系乃清凉心灵的活力源泉。

在所谓的"已开发国家"中，拥有这种存在模式并非易事。事实上，在已开发国家，"存在"不再是"浸没"在众人之中，而是"浮出"于众人之外，是尽可能地发展个人特质——人人都想在家庭里凸显自我，甚至脱离家庭；到了社会和职业的环境，则演变为相互竞争。人人都梦想能够自由自在、不受任何阻碍地充分发展自我。人必须尽可能地累积知识，学习以反对他人来肯定自我，最大限度地发展个人价值。人，与其说是社会的一分子，倒不如说是迷失在人群当中的个人，时时刻刻避免任何非计划中的相遇。

总的来说，我认为第三世界人民的生活，体现了亚里士多德对人的定义：人是政治动物（zoôn politikon）的两大常数。zoôn 指的是动物，会吃、喝、睡和繁衍后代；但除此之外，人也是，而且基本上是政治的（politikon），按希腊人的定义是公民，是城邦（polis）、社会生活，它能够产生人之所以独特的关系。

像开罗贫民窟穷人一般赤裸、剥除表面光彩和诱惑的人，倾向于增加和同类之间的关系。他持续不断地从这个泉源中汲取丰富喜乐，因属于活力充沛的全体一员而绽放的喜乐。他处于人性喷泉的汇流处。在贫民窟，这种喜乐的最佳写照是：小木屋的门总是敞开，妇女多半在小巷子里，一边煮食物，一边和邻居聊天；至于男人，他们总是争论不休。的确，他们每天吃的都是同样的食物：蚕豆和沙拉青菜，但是在一种同乐欢畅的气氛中一起吃的，还不时说着一些可上溯到远古时代的逸闻趣事，并总能引发哄堂大笑。

遵循人性的节奏生活

事实上，贫民窟并不缺乏欢欣喜乐的机会。在那儿，欢乐不是只在家门以外的地方才有；在家庭庆会中，喜乐之泉更是源源不绝地涌现。在那儿，出生、婚礼总是持续不断，一个接着一个地发生。每一次，穷人圈子都在欢天喜地的氛围中团聚。在我看来，他们的喜乐来自于他们感到彼此团结，亲友形成了一个快乐的共同体。这与欧洲人独自一人或跟几位朋友去看一场表演，不认识周遭其他人，是完全两样的情况。当然，他不会因此减少了什么，但绝不会像这些穷人一样满足洋溢。

令人惊讶的是，葬礼同样带给贫民窟有益的收获。人们会先将挚爱的亲人留在家里，直到他咽下最后一口气。之后，当他过世时，整个贫民窟也会体现同样的共同体精神。持续数天，大伙儿相继前来向这些流泪的亲人慰问致哀。他们会坐在那儿数小时，之间少有交谈，但人是在那儿的。人们以亲自出席来回应某个家族亲友的丧失，此举温暖了亡者家属的心灵。在贫民窟，从出生到死亡，每个人都是如此这般地不断获得爱的添加。

打从孩童时代开始，小男孩就沐浴在这种群居和欢乐的气氛中。他们虽然没有玩具，但成天呼朋引伴，在一片欢乐喧闹以及大人充满趣味的观看中，以一根木棍充当马儿来骑，背后用一条烂绳子拉着一个旧罐子，四处溜达。小女孩则神气地抱着刚出生不久的弟妹，在臂弯里摇晃着，她们小小年纪已经懂得照顾更小的弟妹了。她们经由这些活生生的娃娃品尝着幸福，感到自己像位母亲一样。我们的小孩虽然拥有各式各样的精美玩具，但经常是独自一人坐在电脑前面，他们是否体验过同伴之间一起游戏玩耍的欢乐？他们完全没有那些贫穷孩童脸上所洋溢的喜悦，其实，就连他们父母也缺少贫民窟经常爆发的哄堂笑声。在许多家庭，小孩放学后，面对的是空荡无人的家。晚上，因工作而精疲力竭的父母，也没法和小孩有太多的交谈。而欧洲和美国的小女孩，手里抱着最新款式的芭比娃娃，她们真正领略到了当母亲的狂喜吗？我们甚感怀疑。当然，幸运的是，她们也不只是被训练成扮演怀孕、照料和抚养小孩长大的唯一角色。她们有权发展在家庭以外的自我，因自己感兴趣的工作而受到重视。然而，西方妇女同时身兼母亲、妻子、全职工作者等多重角色，持续地承受着贫民窟妇女所没有的压力。这似乎也证明了，人间的理想境地，不易寻得。

尽管如此，一个现象也让我感到吃惊：在贫民窟，我整个人仿佛脱胎换骨般，不再存有任何自我的痕迹。我不再拥有"资产"，却有了"存在"。我以作为一群人当中的一分子而存在，我与他们一起呼吸、吃饭、睡觉、思考和说话。我在财物上一贫如洗，但在分享和喜乐的生命力上却非常富足。我不再只按我个人的步调过日子——它必然是有限和狭隘的，而仿佛是遵循着人性的节奏过日子。

我长久以来热衷的抽象研究也丧失了魅力。事实上，我并未在任何一所大学研读关于爱的科学，贫民窟居民才是我的老师。

他们教导了我：人愈走出自己，愈迎向他人，人的容量和密度就愈大。关系商数比知识商数更重要。与事物和他人建立适切合宜的关系并非靠大脑，而是靠纤细敏感的心灵，这颗心对造成社会排斥现象的富裕嗤之以鼻，它看重那些不专注在积聚金钱，而以与良善穷人之间所建立的无数友谊关系作为"交换货币"的人。

世间包括了两种生活模式完全相反的人：一种人是靠外貌、靠不断消费、不断拥有物品而获得存在。他们被自己的财富和享乐压得直不起腰来，带着忧愁的面容、不满足的心、双手紧握地在生命的道路上孤独前行。另一种人则是一大群人，这些人脱除了所有表象、所有要压胜他人的态度。他们生活在一个充满兄弟情爱、快乐的共同体中，步履轻盈，满心开放，双手向外伸张。

不陷溺于物质财富之中，这是何等的难事！物质财富随时伸出那双勾引人的手臂，极尽能事地闪烁着数不尽的乐趣；它让人迷惑并燃起拥有更多的欲望之火，它鼓动着人投向消遣和娱乐。这时，"我"成了世界的中心。人一旦切断了与他人之间的基本关系，就变得贫穷，变得较不人性，因为较不 politikon（政治、公民性），与团体、社群之间的关系变得疏离松散。

的确，人人为己，但神绝不为所有人！"良善的穷人有福了"，耶稣基督如此教导。是的，凡有人道精神者是有福的。因自我匮乏而让内心得以涌现出真实、赤裸、兄弟情谊特质的人是有福的，对他而言，与他人的关系才是最大的财富。这种贫穷是一种幸福，它是人类存在的原初条件。"你们贫穷的人有福了！因为神的国是你们的。你们饥饿的人有福了！因为你们将要饱足。"（《路加福音》6章20、21节）亲爱的读者，我祝你能够进入有福之人的会所——那些人不相信个人身份是建立在物质、精神、知识财富，而是建立在彼此结盟关系的丰富性上。

幸福之梯

埃及僧侣喜爱以梯子来表现灵魂的升华。这也是为何在公元7世纪，尚·克里马克[1]将他的书命名为《梯子》的原故，这本书是当时除了《圣经》以外最畅销的书。一开始，僧侣的灵魂要与世间财富决裂，之后，凭借着基本德行（包括对死亡的记忆）以及不断地抗拒激情，灵魂得以上升到agapè，即上帝和弟兄无私、不问代价的大爱。这个关于灵魂的运动轨迹给了我极大启发，并进一步升华为我认为如何晋升到幸福的看法。

在下面的图表里，我试图呈现那些已爬升到"贫穷的富裕"境界的人，在获得完全解放之前所经历的不同阶段。他们不仅不觉得有任何损失抑或生命力因此变得狭隘；相反的，他们的身份认同获得了梦想不到的发展。凡亲身体验过这项经历的人，都有异常惊人的感受！人开始懂得充分领受生命存在的每一时刻，生命不再是仓皇逃离处于空虚状态的"现在"，而是一个朝永恒持久的满溢不断爬升的过程。

---

[1] Saint Jean Climaque（约579—649），西奈修道院院长，因撰写关于灵魂升华的论文《天堂之梯》而著名。

幸福之梯

顶峰

拥有丰富的社会和人际关系特质之人
ZOÔN POLITIKON（政治动物）
起初原有的赤裸之人

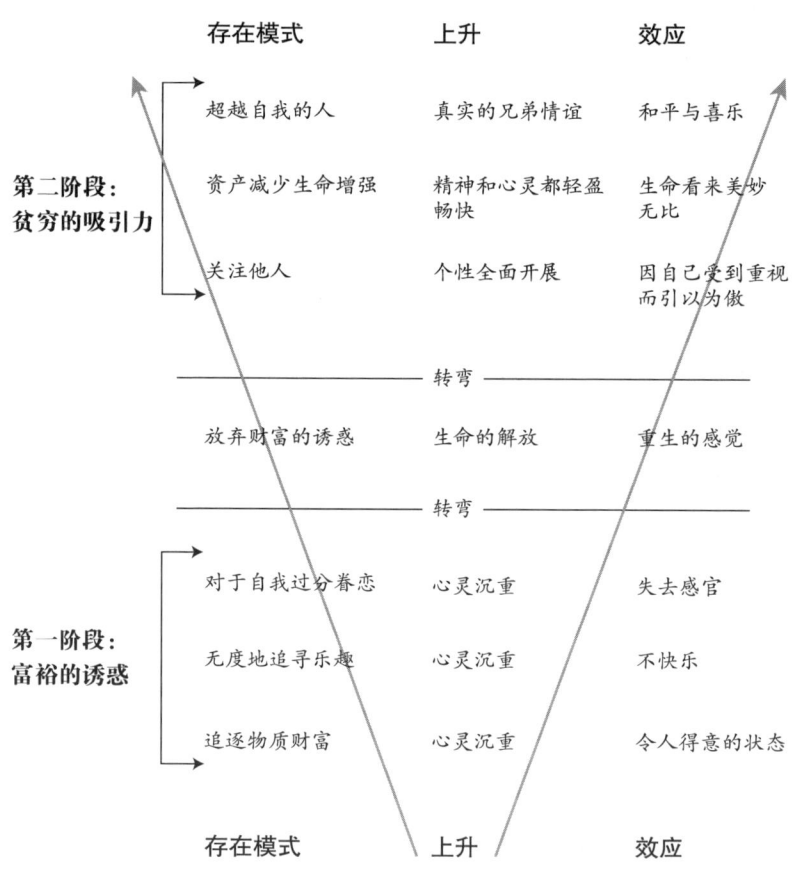

	存在模式	上升	效应
第二阶段：贫穷的吸引力	超越自我的人	真实的兄弟情谊	和平与喜乐
	资产减少生命增强	精神和心灵都轻盈畅快	生命看来美妙无比
	关注他人	个性全面开展	因自己受到重视而引以为傲
	—— 转弯 ——		
	放弃财富的诱惑	生命的解放	重生的感觉
	—— 转弯 ——		
第一阶段：富裕的诱惑	对于自我过分眷恋	心灵沉重	失去感官
	无度地追寻乐趣	心灵沉重	不快乐
	追逐物质财富	心灵沉重	令人得意的状态
	存在模式	上升	效应

贫穷的富裕

第一阶段：使人匮乏的富裕的诱惑

追逐物质财富

我们在幸福之梯最底层看到的，是那些仍旧只以物质财富为终极理想的人。对他们而言，重要的是获取一个美好和令人得意、能够通达所有乐趣的生活状态。他们的知识和意志能力完全集中在这个唯一目标上：赚钱。生命随着追逐这个我们永远无法全然掌握的猎物而展开。这令我想到灌满气的气球，会随小孩一再打更多的气而从他手中溜走。对金钱的觊觎难道不是只会愈来愈强吗？在换来肤浅乐趣的同时，它难道不会导致一种永无止境的不满足感吗？还有那占有的需求，它深植于每个人的内心，让我们处于一种吊诡之中：某种"拥有"的方式会让人"失去"，换言之，它阻碍了乐趣。举一个极端的例子，莫里哀[1]的《吝啬鬼》，"我的钱财，我挚爱的钱财，我的生命……"将东西据为己有，只是让眼睛能够贪婪地观看以及让指头的皮肤激动而已。吝啬鬼并不占有钱财，事实上，是他自己被钱财给占有了。他未能好好利用自己的钱财来购买物品和享受乐趣，而只是一味积累钱财而已。现实生活中，有很多种形似吝啬鬼的方式。我认识一位图书收藏者，他始终拒绝出借他的藏书，因为他不能缺少看着书摆在架上的快乐。我们大家都认识一些占有欲过强的母亲（这也是同样的机制模式），她们会百般阻挠子女的婚事，因为她们将子女视为自己的

---

[1] Molière（1622—1673），法国著名喜剧大师。

财产。如此一来，她们反倒不能真正享受拥有子女的快乐。她们不愿意"放开"子女，因此也从未品尝过敞开家门，欢迎子女的新伴侣和迎接孙子孙女到来的喜悦。

我们并不需要拥有很多资产，因为这样很容易落入这个"拥有"的循环。我耳边还响着一位谨慎的传道者给我们这些修女的忠告："修女们，小心不要占有：这是我的扫把，我的抹布……"很多时候，简单的某件小东西就能让我们对它产生眷恋。

无度地追寻乐趣

在这个无尽循环里，乐趣为了永葆它令人兴奋的能力，必须一再地提高强度，并且不断地多样化，然而，心却是恒常地受到挫折。我们展开的是一场对消遣娱乐的无度追寻，我们要自己能够不受拘束地"开心畅怀"。

然而，身体和精神要健康，就必须有一定的平衡。当人因缺乏睡眠、服用药物（咖啡、酒精等）而破坏这个平衡时，身体或多或少会因程度过量和时间过长而出现不适。除此以外，伴随身体不适而来的，还有精神上的不快乐，没有任何东西能够填补内心的不满足感，追逐乐趣的竞赛仿佛贴在假肢上的膏药。然而，即便当身体和灵魂出现了紊乱，要人避开让感官喜悦欢愉的事物是何等困难！有多少次我听到人们以疲惫不堪的声音低声咕哝着："我知道这是在损害自己，我很清楚我的生命失去了规律，但我就是无法克制自己。"是的，人性是非常软弱的!

对于自我过分眷恋

这种"奴隶"行为的根源在哪儿?在我看来,人之所以会成为迷恋事物的奴隶,是因为人对"自我"过分眷恋。事实上,我们经常在无意识中把自己视为世界的中心。世界的重心引力变成了个人的重心引力。我们以自己的肚脐眼为中心,不停地转圈圈。至于其他人,除非能依照自己的目的来加以利用,否则就没有价值。我们把他人当柠檬般挤压,并且在压出汁液后扔掉。我们以同样的方式对待所有的关系,不论情感、性、社会,甚至职业关系,都一概如此。

然而,生命并未因此而欢欣喜悦,反而失去了意义。把自己关在个人的泡泡里,除了他那微不足道的个人乐趣之外,其他一概不顾。这一切令人毛骨悚然。我敢说,当人把注意力只集中在自己身上时,生命——那是各式各样、潮来潮往的活络关系——也将因此分崩瓦解。当某个病人衰退到不能再与人沟通的地步时,我们一般称其为"植物人"。这个名词,其实也应该用在那些把自己紧紧关在以自我为中心的蚌壳里的可怜男女身上,他们不再与人沟通,他们是一群"植物人"。

关于他们的心灵,这颗为交流、为潮来潮往的关系、为在友谊和情爱中相互给予而创造的心灵,我们可以说些什么呢?他们可怜的心灵,因缺少生命的双向循环而失去了生气和活力。他们被自己的重量压得愈来愈沉重。还有什么比看到一些人,尤其是年轻人,深陷在孤独之中无法自拔更令人伤心呢?这深深地刺痛了我的灵魂。我们可以感觉到他们身上压着巨大的憎恶感,他们憎恶事物,憎恶社会,憎恶人类,憎恶自己。他们不认为自己的生命和世界观具有任何价值。

我很喜爱的两位年轻朋友,他们对我有毫无保留的忠诚。这两位男孩和女孩都被套牢在一个追逐欢乐的生命里,尝遍各式各样的乐趣。他们把长辈的说教权当成耳边风。然而,他们各自在遭遇不顺时都会跑来找我,每一次都斩钉截铁地跟我说:生命没有意义。艾瑞克(让我们这么称呼他吧)还说:"我身边不能没有女伴。实际上,我对她们、对我自己都感到厌倦。但,修女啊,你知道吗,冲动一来时……"他声音沙哑,时而听来绝望,眼眸深处流露着同样的绝望。我只能像位老祖母一样地亲吻他,对他说:"你没有办法费点心力尝试控制自己、保持平静吗?"这时他耸了耸肩,跑着离开了,就像他跑来的时候。至于葛拉狄思,她也承认对自己生命的憎恶:"像我这样一个小职员,钱赚得少,没法换得太多的乐趣。因此,我有时会让某个有钱人玩弄我,这样他就能帮我买我梦想的东西。我有时对他、对我都感到恶心。但能怎么办呢?我需要钱来获得物质上的安全感。"当我建议她:"难道你真的没法少花点钱让自己自由一些吗?"她只是亲吻着我,眼眶里含满了泪,之后跑走了。在他们不能决定自我重生之前,我能和他们一起、为他们做什么呢?

转　弯

　　幸好,有些时候会突然发生某个事件,让我们对生命重新思考。这时我们会生起摆脱觊觎、过一种能够产生富足的匮乏生命的欲望。这些突发事件往往指的是,遇到某位能够摆脱金钱和表象的诱惑,且以社会、家庭和人性等价值为优先的人。这个人,不论男女,给人最强烈的印象莫过于个人的全面高度发展:开放的接纳,与周遭的人一起分享喜悦和痛苦。为何我们不模仿他,让人生转个恢复生气的弯呢?

　　我想到了派崔西亚,她在一次到英国学语言的机会中,和一位为人慷慨的朋友玛丽共同生活了6个月。当时,派崔西亚每天只想着晚上到俱乐部玩乐,玛丽却婉拒了邀约,因为她参加了另一种类型的俱乐部,会员在晚上陪学业落后的小孩做功课。她接着微笑说道:"何况玩乐还挺花钱的!"派崔西亚之后跟我吐露:"慢慢地,我从玩乐的俱乐部过渡到喜乐俱乐部——这个让玛丽散发光彩的喜乐。我学到了施与比接受更让人快乐。"这第一课彻底地改变了她的生命。回到法国后,派崔西亚选择了将自己奉献给残障儿童,现在还宣称自己是世界上最幸福的女孩!

　　有时,读一本书亦能让人重新发现生命的意义。生命的意义位于个人封闭的小圈圈以外的地方,并且只有从施与的角度才能发现。我们怎能不知它所激扬起的生命力比追逐享乐的竞赛更鲜

第三章　贫穷的富裕

活蓬勃！我感到一阵冲动向我袭来，并轻易地占领了我。

有时，突如其来的痛苦也会促使人自我诊断、自我深化：丧失一位挚爱的人、难以忍受的疾病、一个剧烈的情感分离。打击会产生震撼。当然，这些苦楚必然也会导致或长或短的精神抑郁，但也会让人重新严肃地思考生命的方向。

以下是帕特里克的奇妙经历。他过去是一位演员，并希望有朝一日能成为国际名人。在等待出名之前，他过着相当轻浮的生活。"我的妻子一直容忍我，因为她不愿意让孩子因为我们离婚而痛苦。一天，我喝威士忌和嗑药过量，整个人几近全身瘫痪。所有一切都崩溃了。我糟蹋了我的生命，也失去了未来。幸运的是，我有妻子和儿女照顾我、支持我。当处在深渊之际，我发誓：如果有朝一日我能够脱离这种惨境的话，一定要过不一样的生活。现在，我生命的中心是我的家庭，而不再是追寻金钱和荣耀。的确，我赚的钱比以前少，但我比以前快乐多了。"

不论动机为何，选择让生命来个大转弯、远离财富诱惑的人，都体验了惊人的自由解放。他们就像逃离笼子的小鸟般，乘着自由之风振翅翱翔。但是……还有一个"但是"，并非所有一切都可顺理成章获得。人有可能会倒退，事实上，这也是经常会发生的情况。人希望有一个完完全全的断裂，但却未能坚持不懈。我非常佩服那些能够不气馁、在倒退两步后又重新再往前走三步的人。这是相当感人的。这才是人：不顾一切，尽管遭遇挫败，尽管再次堕落，尽管精疲力竭，仍旧固执地拖着步伐往前走，一层一层地往上爬。有朝一日，他将抵达顶峰。因此，我们需要特别强调，下面提到的每一层阶梯，并非单靠征服的力量就能到达，还需要不屈不挠的毅力——尽管人是软弱和无力的。人最令人感动的一面，并不是在他胜利的时候，而是在他挣扎搏斗的时候。

第二阶段：使人丰富的贫穷的吸引

关注他人

当人决定生命来个大转弯时，自然会产生一个效应：一旦眼光不再只盯着自己的肚脐眼，自然会投向他人。这时，他人的面容成了关注的焦点。紧跟着会立即产生两种影响：首先，个性将获得全面发展；我们内心将开始经历关于人最私密期望的发展，亦即友谊关系网络的产生。其次，人将因自己受到重视而引以为傲。事实上，所有真实关系都包含了"施"与"受"之间的平衡与和谐。真正的关系从来都不是单向的，它会产生恒常不断的充实与丰富。人在品尝到这个心与心之间的和谐时——它就像一条河流，不断地扩大两岸的面积，并使它们的土地肥沃——难道不会更引以为傲吗？

资产减少，生命增强

在这过程中，自私的粗暴——毫不犹豫地挤压和掌控他人，以获得愈来愈多的财富——在蜕变和转化。人的双手不再握得紧紧的，独自占有和享用一整块蛋糕；相反的，手将以分享的姿态伸展开来。人不再像是一只孤独之兽，而是一位慷慨、充满兄弟情爱之人。在潮来潮往的交流中，喜乐是共有的，精神和心灵都因此变得轻盈畅快，生命看起来美妙无比。

超越自我的人

到了最后一个阶梯，人将体验到：真正的兄弟情爱会百倍提高他的生命力。这时，"人将无限地超越自我"。团结会加倍提增力量，思想的碰触激发了光亮。在一起前进的过程中，身体变得更加坚实，心灵更为开放辽阔。人将感到自己变大了，大到一种以前从未经历过的境界。内心充满和平与喜乐，不再需要追逐稍纵即逝的财富。人没有金子，没有银子，却有丰富的人际关系。人一旦摆脱了忌妒和觊觎之蛇的诱惑，将为生命的幸福所充盈。

"幸福之梯"的意义在于我们将顺着充实丰富之路，不断向上爬升。攀登幸福之梯的条件呢？要有一定程度的匮乏——在找不到更适切的字眼的情况下，我称之为"贫穷"——因为我在第三世界认识的穷人，他们在物质上的确十足匮乏。这种匮乏同时也为他们带来了生命的丰实。两种相反、对立的情况，不能促使人性的展开。一方面是悲惨生活，悲惨生活会使人异化，让人感到挫败，导致绝望，因为它造成社会分化和排斥；另一方面则是对物质的占有，一味追寻物质本身，也会产生异化的效应，它会让灵魂惨淡挫败，因为它同样也会产生排斥作用，将人与他人隔离开来。

在这场游戏中,输家才是赢家。"输"究竟意味着什么?输掉了"贫瘠":空洞、荒谬的生命。"赢"又意味着什么?赢得了"富裕":一个日臻圆满的生命,一个积极参与人性发展和彼此互助团结的生命。这时,人将重新找到起初原有的关系的泉源,在内心深处,将出现一种深厚安详的和谐。"政治动物"(zoôn politikon)将得以重新恢复它的身份。人在财物的贫穷中,将发现生命的富裕。

第四章　选择贫穷

这是人类共通的追寻：每个人，不论你我，不全都在寻找幸福吗？在心底深处，我们不都有一个无法平息的渴望，亦即追求物质、智力或精神上的丰富？对许多人来说，财富是丰盛富足的象征，能提供各式各样的欢乐。有时，一些人会因某个灵光闪现而撕破这个肤浅的幻象，他们这时会发现，愈多的乐趣反而让心变得愈加沉重，自由选择、心甘情愿的自我匮乏，反而让灵魂得以尽情呼吸。随之而来的是一种富有正面意义的匮乏过程，就像获得了解放一样。

贫穷人物

公元前 6 世纪，佛陀释迦牟尼这位"得道证悟者"，无疑是这个自我匮乏和解放历程的绝佳范例，至今仍有无数门徒追随他的道路。在基督纪元之前，希腊、罗马的禁欲主义者启发了许许多多的人争相仿效，如著名的狄奥哲尼士[1]就拒绝使用盆碗，直接以

---

[1] Diogène（约 404—323BC），古希腊哲学家，是风行于公元前 3 世纪的犬儒学派（cynicism）创始人之一，该学派反映了人民中贫困阶级对有产者统治的消极抗议，并影响了稍后斯多葛学派的思想和主张。

手汲水饮用。昆兰地区[1]的犹太人曾过着最严峻艰苦的生活。在连"一块可安置头的石头"都没有的耶稣基督之后，埃及沙漠里到处可见以山洞为居的隐士。我不免也要提到生活在全然匮乏以及充满喜乐之中的圣方济各（Francois d'Assise，1181—1226），以神贫为其夫人，并对"神贫夫人"一生忠诚，至死不渝。圣方济各至今仍是一位人们想模仿也模仿不来的传奇人物。

所有这些选择贫穷的人，他们到底在寻找什么？他们最终是否找到了他们要寻找的东西？这个人们数10世纪以来前仆后继在追寻的目标，当然不在体验悲惨生活——悲惨终究是一种苦难。尽管方式各有殊异，但每一个人的目标都在透过物质匮乏以达到精神的丰实、生命的喜乐，亦即我在上一章所描述的幸福之梯的顶峰。

为了强调这种体验的当代性，在此我将避免提到过于古老的人物，他们通常被点缀了太多的传奇色彩。还是让我们看看我们这个时代一些人的例子吧！

特蕾莎修女，早先一直安稳无忧地在加尔各答一所提供给出身富裕家庭女孩就读的中学任教。一天，她突然意识到在她周遭发生的悲惨生活，这是她以往从未注意到的。她听到一位可怜人在呼喊"我好渴"，因此决定只身闯进悲惨丛林之中。这是何等疯狂之举！但为了拯救同胞弟兄，这又是何等的智慧！她展开了一场坚持不懈、激昂热烈的抗争。她的行动在世界各地引起了许许多多的回响。她

---

[1] Qumrân，位于死海附近。著名的"死海古卷"——目前人类发现年代最早的圣经抄卷，即于1947年在昆兰的一个洞穴发现的。

就像一块磁铁般，吸引了无数人的加入合作，她成立了愈来愈多以爱、温柔与和平为基石的家园。这位披着蓝色印度纱丽的穷修女，不仅获得了诺贝尔和平奖，过世时，印度政府还以国葬之礼安葬了她，而且她身后留下了一个持续开花结果的庞大事业。

约瑟夫·菲辛斯基（Joseph Wresinski）神甫是献身于法国"第四世界人口"的使徒，这些人尽管身处发达国家，却过着如第三世界的人民一般的生活。为了纪念他贫穷的母亲以及自己幼年的困苦生活，他希望能将自己奉献给最贫困的人。诚如圣文森特使徒（St.Vincent de Paul）不断向第一批行慈善工作的修女所提醒的：穷人是我们的"主人"。他们召唤我们去和穷人一起体验另一种形态的贫穷、过长期清贫的生活，以另一种方式，一种同舟共济的方式，来丰富自我。的确，这意味着要"钻"到悲惨生活、烂污泥之中，但同时也是"钻"到与家人融为一体之中。因为，家庭是我们可以紧紧抓住的最后的、唯一的财富。重要的是，重新赋予家庭应有的价值，让它能够扮演它的角色，将它本有的权利归还给它。菲辛斯基大胆地写道："第四世界"提供给我们一个"丰富智力和精神"的恒常机会。

尚卢——我先前已提过他——和妻子耐丽住在一个宜美舒适的环境中，过着相当优渥的日子。他们在追求灵性成长的过程中，被打开了眼界。他们感受到召唤，需要改变生活方式，于是离开了伦敦的高级社区，搬到了巴黎北郊的克里希市（Clichy），过着简单朴实的生活。他们在那儿待了10年。我去拜访他们时，他们喜形于色，不断述说着自己的生命如何从"非存在"中解脱出来，并因奉献自我而有了意义。尚卢努力推广Fidesco，一所专门致力于第三世界国家发展的机构，他们派遣愿意付出两年时间的合格志愿者到贫穷国家服务。

因为匮乏，我们接受真正的自己

一些媒体只将焦点集中在少数几位从事人道工作的"英雄"身上，实际上，许许多多默默无闻的人选择了放弃某些事物，以换取一个富有人际关系的生命。我曾经遇过许多这样的人。自1969年以来，已有一万名年轻人体验了goum（旧时法国在北非等地招募的部队）的经历：口袋里没有半毛钱，也没有手机，在沙漠生活一个星期。他们早晚吃的都是米饭。尽管分享贫穷生活的时间相当短促，然而，这个经历对他们仍旧是一大震撼。一位年轻女子珍纳维耶芙如此总结这项经历："我们很快地理解到这种贫穷是必要的，它让我们能够更多地去倾听别人、自己和神。一开始，我以为这种匮乏会非常艰苦，但后来逐渐领悟到，它其实引导我们去接受自己，将最好的一面施与出去，回到生命的根本。"

马克安托尼年轻时住在巴黎，他当时处境甚为优渥："我不断追逐金钱、功名、乐趣。然而某天，我停了下来。我自问：这一切有何用？它会领我往哪儿去？我决定让自己从金钱压力中释放出来，选择了一份薪资较少的工作，但有更多的时间来享受我的人际和伴侣关系。我现在终于品尝到了生命的喜乐，我比以前快乐许多。我女友盖比瑞拉与我有相同的理念。我们希望为他人服务，而不只是一味地积聚钱财。生命太短暂了，不该只浪费在寻找财富上！"

我还认识一对住在洛杉矶的夫妇。在我看来，伊莎贝尔和哈利位于幸福之梯的顶端。他们在位于一个贫穷社区、一条破落街道、一栋破烂建筑物的顶楼公寓里接待了我。他们仅有的财富就是几件家具而已。晚餐是最简单的食物。但那是一个多么令人沉醉、如节庆般的欢乐气氛——我以为自己又回到了贫民窟！他们两人都热爱音乐，并且都从音乐学院毕业。晚餐过后，伊莎贝尔弹起了钢琴，面容洋溢着光彩；哈利坐在地上，以小提琴为她伴奏，同样也是容光焕发。之后他们起身，在破旧的地板上迈开喜悦的舞步。这两人到底打哪儿冒出来的？伊莎贝尔是从她巴黎的富有家庭以及向她求婚的富有对象中逃离出来的；哈利则是在充分品尝了美国生活的乐趣之后，骤然决定让生命来一个大转弯——他因一场小提琴演奏会深受感动，而决定从此将身心全部献给音乐。他们两人分享着同一个计划：有朝一日要走遍世界，用音乐之美来吸引人，激励人通过倾听和谐乐曲来追求和平！他们早已体验到了这份和谐之美，因幸福而脸上洋溢着耀眼光彩。

解　放

我之所以如此强调选择贫穷的关键作用，其中一个原因是，

1929年5月5日，我自己也作了这项抉择——这个日期至今仍是我生命最重要的日子之一。我放弃了早先女孩爱打扮的所有美丽饰品，换上年轻新进修女的一身黑袍。此举代表了我从之前控制着我的虚华事物中解放出来，突然之间，我变得轻盈自在，自此开启了一个愈来愈动人精彩的生命。我放弃了自私的生命以进入富有兄弟情爱的生命。过了72个年头之后，我仍旧在尽情领受这份富裕。

当我重新检视自己的生命历程，分析那些踏上这趟奇妙之旅的人的共有的特征时，脑海里不时闪现的是"解放"两个字！我们每个人都感觉到终结了一种长久以来阻止我们将个人最好一面呈现出来的奴役状态。我们不再浸没于一个"集体"之中，这个集体在我们毫不知情的情况下，将存在、说话、思考的方式强加于我们身上。我们也不再臣服于主流的社会模式，这个社会模式会指示我们应该如何效仿有钱、俊美、有名的人来穿着、行动和享乐。每个人都感到自己在智力、意志和心灵的大量涌现中，发展出个人的独有特质；在超越个人利益、选择共同福祉的过程中，体验到一个更丰富蓬勃的人生。

日常用语"我受够了"所强烈传达的一种对生命的憎恶（taedium vitae），将转变为生命的喜乐（gaudium vitae）。赤裸之人在摆脱了所有让他喘不过气来的烦琐事物后，终于能够再次呼吸，缓缓气，重新找回他的原初本性。诚如帕斯卡所言：人在找寻人。事实上，人唯有与他人享有简单、和谐、温暖的关系时，才会快乐。因此，没有什么比在日常生活的各式各样偶发事件中与他人相遇，更令人愉快的了。这些相遇犹如山泉般清凉透彻，它不像某些掺了杂质的饮料一样具有提神兴奋作用，但给予人一种丰富圆满的感觉，使人心平气和。与他人相遇成了解放自我的机会。人啊，这正是你存在的理由：跟与你用同样血肉塑造、赋有同样灵魂、同样心跳的男女之间的沟通和契合！

每个人在他心底深处都感到饥渴，仿佛身体内部有一个张得大大的口般。任何想要掩饰这个饥渴的尝试，都将徒劳无功。唯一的不同是，有些人试图以个人独揽的方式来满足这张饥渴大口，另一些人则让这张大口成为走出自我的机会。第一种方式其实是一条死胡同，绝无走向和平安宁的可能；相反的，第二条路是唯一能让人揭露、实现和全面开展个人身份认同的途径。人究竟要在内心唤起何等的喜悦颤动，才能让那赤裸、光秃、奉献自我的顶峰在迷雾中闪现呢？

在此，我们抵达了人性金字塔的尖端、梯子的顶峰。我们处在帕斯卡所说的第三层次：第一层次是物质，第二层次是精神，第三层次则是心灵、慈善。当人抵达顶峰时，将重新找到存在的意义——这一切将让他欢欣得头晕目眩。

认清自我，才能对生命负责

我不时会受邀在陷溺于前两个层次的人群面前发表演说，这时我多半只会讲述一些我在各地遇到的人的真实生活——虽然都是一些朴实无华的人，但在战争、疾病、饥荒的各式灾难中，在和受难弟兄一起为他们而战的抗争中，扮演了催化剂的角色。每一次，这些例子都会产生极大的效应。这些人的行动本身就洋溢着充沛的活力，展现出一种新财富；突然之间，在强烈的反差下，专注追求物质财富的生命，显得虚假造作。在人最私密的深处，流露出对其原有价值的怀念。那是一种从心底散发出来的情绪、激动和张力，人终要成为解放自我，释放内心的"关系之人"。

我在此要作出两点重要补充说明：

首先，自愿选择的贫穷与被迫承受的贫穷完全两样。我们即便再努力让彼此在平等的基础上相遇，但无论如何，我们永远都不会像穷人一样穷。他们视自己的生活条件为一种限制，倘若情况变糟，他们也没有任何撤退的可能！然而，对自愿选择走这条路的人来说，即使路途遍布荆棘，依然是一个令人激奋的体验。自由选择的抗争会让人热血沸腾，反之，若因接踵而至的事件而被迫贫穷，人只会深受其苦。

其次，不论情况如何，我们都别忘了每个人都有他独特的召唤、他个人的道路要走。他的幸福有赖于他回应召唤的方式。具体而言，没有人是受召去模仿其他人的——尤其不是要去做另一位"圣方济各"或"特蕾莎修女"！每一个人都必须根据自己的志向来实现他个人的解放。唯有在他身上发现，从他身上激发出属于他自己的特质，他才能达到人的精神高度。

我认为，一开始的关键在于要认清自己。我最眷恋的东西是否最终只带给我一种空虚、欠缺、昙花一现的感觉？远离这些眷恋之物，是否会让我变得孱弱抑或反而获得解放？这正是问题的核心所在。我是否应该抛弃某些乐趣，一些实际上不过像香槟一样让人兴奋的关系？我是否应该选择深厚情谊所带来的朴实无华的喜乐？在深厚友谊里，我的心灵将因企求他人获得幸福而充实满溢。我是否要继续这场追逐金钱和乐趣的竞赛，抑或放弃稍纵即逝的欢乐，以便在能够平息我灵魂的事物中享受安宁？自我生命的价值和意义，正取决于这些问题的答案。无论如何，是"我"，而且只有"我"自己，必须对"我"的生命负责。

我多次使用了"激奋"（exalter）这个动词。它的词源是拉丁文的 ex（在……之外）以及 altus（高处）。我给这个词下的定义是："超脱自我，朝高处去"。凡是能够以爱（即弟兄之爱和上帝之爱）作为生命追求的方向和重新定位的人，都会同意我所说的：我们会对选择通过自我匮乏以企求达到的目标而感到"激奋"，与此同时，也会产生一种极度的"狂喜"（exultation），因喜乐而雀跃不已！

神贫、贞洁、服从

我前面提到，每个人都有他独特的道路要走。至于我，在众多可能的召唤中，我于 1929 年为我的一生选择了宗教使命，而且，我也不是濒临绝种的稀有动物。事实上，这的确是一个奇怪的现象：一百万个男女决定放弃家庭、地位和职业，选择了发神贫的誓愿和过宗教的生命。究竟是什么样的原因会让人骤然作出这样一个疯狂的决定呢？原因有许多：贫穷基督的吸引，对无度消费社会的反抗，对以自我为中心、虚浮放荡生命的空虚的憎恶，或是受到为病人、穷人、遭遗弃之人服务的召唤。

自基督教开始的头几世纪，发神贫的誓愿就一直被视为居首要之位。尽管如此，归根结底，神贫、贞洁、服从，这三大宗教誓愿的目标就只有一个，那就是让逐渐赤裸之人能够抵达顶峰：在那儿，他按照慈爱上帝的形象再造，因为"神照着他自己的形象造人"（《创世记》1章）。事实上，这三个誓愿每一个都代表了一种解放。

神贫的誓愿

宣誓过神贫生活，乃是希望让灵魂从"拥有"的心态中获得解放。摆脱物质的忧虑，才得以释放出服务他人的能力，其目的远远超过单纯地放弃世间财富，它是要创造出能够怜悯人、向那些被迫承受贫穷之苦的人开放的一颗穷人的心。

如果自己是在享受各式各样的物质产品，如何能够体会到缺少这些财物时的残酷？富裕与贫穷之间的巨大落差，难道不会引起羡慕、忌妒甚至憎恨的情绪？因此，真正的慈善工作，与穷人一起、为穷人而进行的抗争，必须一开始就要求自己与期望协助的对象，站在同一平等的基础上。有些传教士一直无法理解这点，他们的生活方式，尽管在欧洲人眼里已是相当简朴，但对当地居民而言，却仍旧太过优渥，这或许是他们遭到排斥的原因之一。

贞洁的誓愿

贞洁，乃是从摇摆不定和湍流纷扰的肉体觊觎中获得解放。讨人喜欢、引人注意、掳获某人的心、享受激情，将不再是必须不断缔造的战绩。轻盈的身体与灵魂，将让人更全然、更普遍地奉献自己。提供给他人的是不带任何目的、利益的友情，它超越了夹杂纠纷、离散的肉体关系，它是一个"和平避风港"。

我观察到，不管男人或女人其实都会思念，甚至要求拥有这种属于另一层次的情谊关系。在这关系中，不论身体或灵魂都更加丰实，肉体与精神的力量将不断成长发展，智慧视野也更为宽广，以往过于狭隘的心胸如今扩大了。当我们能够顺利体验到这种关系时（这并不总是一件易事，因为人性是非常脆弱的），贞洁将让人得以给予和接受一项珍贵礼物：能与人互补长短。人是按男女互补而被造的，如果这个互补关系能够在各个不同层面上被体验和实现，我们双方都将受益无穷！缺少了对方，我们连最简单事物的复杂性也无法掌握。实际上，我们所有人，无一例外，先天都受到诸多限制，包括身体、智慧、文化、空间、时间，等等。贞洁誓愿的吊诡在于，和他人的关系看似变窄，实质却是无限地敞开。当关系不再只是一味地要求占有和排他时，人就能够开始对他人奉献。就以我自己为例子吧，我最好的一面，是在贞洁誓愿所释放出的开放、轻松的情谊关系中展露出来的。每一次的与人相遇，都带给我用来扩建灵魂住所的一块石头，以便让我的心能够接待更多的朋友。

服从的誓愿

发服从的誓愿，乃是下定决心要从纯粹个人的意愿中解放出来。个人意愿通常只求实现自我，不管他人死活。服从能让从今以后属于共同（不再是个人）的活动，发挥更大的效用。不断地沟通，将使一件有待完成工作的复杂性获得深化，服从这时就能够扩大行动面。

在此，我们同样也经历一种互补。"服从"意味着属于一个团体、家庭，这个团体、家庭并不是因为出生地抑或基因等偶然因素，而是经由选择共同目标而组成的。我一般不做、不知该怎么做抑或没有能力做的事，另一个人会去执行。重要的是，并非我个人的愿望、计划、成就，而是整个修会的愿望、计划、成就。此外，修女、教士之间真诚和良好的合作关系,也不是由"我"个人来确保，而是由修会全体成员指定的会长，他把会长拥有的权威视为为实现全体福祉的服务来执行。掌握权威的人必须倾听所有人的声音，包括他们的成功和失败。服从同样也会带来和谐融洽的气氛。修道生活难道因此就是世间天堂？对那些读了以上段落而作如此揣测的读者，我认为有必要提醒他们，任何人类活动都有其局限和危险。

神贫的誓愿可以带来一个安全、远离物质烦恼的清静生活，然而，也可能因此忘了无数人在挣扎奋斗的真实生活。心灵可能再次退回到自己身上，并将一些芝麻绿豆大的事看得过重：我的日课经、我的原珠笔，等等。那是因为我们知道时间有限，日子一天天流逝，生命也一天天减少，所以，我们会直觉地抓住那些环绕在我们四周的事物，仿佛这样就能让我们坚固下来，让我们更加稳定，让我们根深蒂固。此外，如果一位教士一直停留在同一个地方、同一个职务，他会习惯成自然，甚至可能自以为是该地的主人，在上帝眷顾下合法地定居下来！幸运的是，每年至少一次的避静让我们得以重新反省和思考，它邀请我们彻底洗涤心灵，再度提高我们的警觉。

我最近还惊讶地发现，一向以过极度神贫生活而著称的某某教士，某一天成了修道院会长，这时，他竟然激烈地捍卫起修道院的权益，甚至变得对在俗职员不公。这是一个多么奇怪的现象！他将个人占有的本能转移到了修道院身上。神圣的贫穷这时成了神圣的吝啬。至于一向畅所欲言的我，是否理当能够避免这些谬误？我那用来切纸的机器，当然不会拒绝借给别人，我是个好心肠的女孩，肯定愿意借……但却也总不忘叮咛："尽快还给我噢，因为那是我的。"……噢！噢！我是不是应该再回到贫民窟去实习一下，然而，这所贫穷的学校其实早已教导我要不问代价地施与啊！

贞洁的誓愿，亦然如此。当我们对内心的冲动和激情充满罪恶感，当我们偷偷摸摸地受了诱惑并活在虚伪之中时，奉献之心可能会转为刚硬之心。日积月累的压抑会内化为一种心理态度，它正好与有成效的宗教使命所必需的全面绽放和喜乐完全相反。

我非常清楚我以上所言。当我还是个年轻修女时，曾经经历许多困难的时刻。当时，我不敢跟任何人提起，整个人紧绷不已。我使用苦鞭（那是一种不太危险、经常用来处罚小孩的鞭子）、禁食、厌烦心焦地做着冗长的祷告；我随时愿意像中古世纪某些圣人一样跳到荆棘丛中，以让自己平静下来！结果是，我变得愈来愈烦躁，既不快乐也不自在。直到一天，我找到了一位有智慧的神甫听我告解，他淡化了我问题的严重性，帮助我的良心获得解脱。他让我理解到，我内心感受到的激情乃是人性的一部分，并建议我饮食均衡、多做运动、培养轻松自在的人际关系和有信心的祷告——不带任何压力。我利用度假的机会到海里游泳，在食堂里也总是大快朵颐，读一些兴味盎然的书。我的祷告又回到了小孩向他仁慈父亲说话的样子，我也更加关心其他人，而不再只是专注在自己身上。逐渐地，一切又慢慢地回复正常状态，这也是我提供给有兴趣的人的建议。

至于服从的誓愿，行动可能因服从者的压抑或发号施令者的独裁而趋于贫瘠。某位长官可能惧怕任何过于大胆的计划或是忌妒那些会掩盖过他光芒的影响力。不正因为如此，许许多多员工要公然忤逆苛刻老板的权威吗？就连家庭内部也经常发生类似问题——我听到过多少关于这方面的倾诉啊！

不过，根据修会的规则，这一切仍旧有解决办法。我们有权求助于一位主院长来解决纷争。在亲身经历了超过70年的修道生活后,我的感觉是:服从让我获得了解放,尽管它在长达40年间阻止了我全然实现与最贫困的人分享贫穷的欲望。事实上,我认为这段长时间的等待,让我有机会在与其他修女的集体生活中逐渐茁壮成熟,增长心灵的力量以及和穷人相处的能力。归根结底,这40年有效地预备了我日后单枪匹马过异常清苦的生活,这40年是协助我全面绽放的起飞跑道。

迈向匮乏之路

在这一章中,我尝试举例说明人可以选择自己走向人性化以及攀爬幸福之梯的不同方式。毅然决然地迈向匮乏之路,一开始可能看起来严峻辛苦,然而,人若能因此获得自我解放呢?这个解放是否将一劳永逸?事情也不是这么简单。我们经常向前走三步之后会倒退两步……我们别忘了,由于人的先天条件和脆弱性(想要逃避这点的人,乃异想天开),甘于贫穷并不是一件可以恒常不变的绝对事物。持相反观点的人乃是想当天使(而不是常人)。然而,诚如帕斯卡箴言所指出:"想当天使者反成兽。"不是的!在现实生活里,贫穷反而经常是一个地平线不断后退的前进路程。世间没有任何一个人能够全然地、彻底地放弃对自我的拥有。人总会以某种方式依附在零零星星的财物上。人时时刻刻都会受到诱惑,都会自恋地专注在自我身上,憎恶自我、怪罪自我或爱恋自我。所有这些芝麻绿豆、小鼻子小眼睛的琐事，都将阻塞人的肉体、精神和心灵。我们必须时时刻刻去对抗自然天生的倾向，不断地、一再地关注他人和"去自我中心"。有朝一日，我们终将得以升华，在短暂的永恒时刻，登上巅峰。然而，我们也将如可怜的西绪福斯一样，再一次滚下山来！我们在顶峰的时间，就只有刹那的一瞬间。

那又有什么关系？反正我们会再度重新出发！总有一天，人会脱离那终将死亡败坏的躯壳，他所有的依附与眷恋也会一一瓦解。在重新找到的原初匮乏中，人终将浸淫在 agapè（上帝和弟兄不计代价的爱）之中。自此以后，永葆纯净的爱将不是靠争取强求得来，而是被施与和接受。那时，将是所有愿意因自己少拥有而让其他人多拥有的人（不论是采取哪一种方式）之间的美妙相逢。终于，人将体验到令人头晕目眩的奇妙：山峰的最高点——神——将显露出来。神是爱，为了将他的爱呈现给我们，派遣了他儿子到人世间来。事实上，基督想让自己贫穷，好让他的贫穷能够丰富我们。在他身上，建立了人的道路和神的道路之间不可分离的关系。现在，我需要进一步解释这一点。

第五章 与贫穷的基督相遇

生命中总有一些会让你毕生难忘的时刻。我之前虽已提过,但再次强调也不为过。如果说我生命中的第一个震撼是发生在1914年9月,当我父亲永远地消失在浪花之中时,那么第二个震撼则是在同年12月,当我看到稻草堆里一个婴儿时。他到世间来分享人的贫穷,以让人能够分享天上的富裕。这两个事件用一种极度亲密的方式对我发出呼唤,并且像埋藏在地下的根一样,深植在我的内心深处。半个世纪之后,第三个震撼以一种令人震惊的方式,不断增加它对我的影响——这是我的灵魂在幼年时期就已经预感到了的震撼。那是在1971年,当我在开罗贫民窟与贫穷基督相遇时产生的第三个激动,它让我当时仍属狭隘的基督教正统观爆裂开来。我得到人神相遇之处的启示,理解到在世间找到神的唯一方式——不论你是信徒与否。

你们看这个人

我是在社会最底层的贫民窟得到这个启示的。我喜欢晚上到猪圈里数念珠,唯有当我不小心踩到一只猪脚时,它发出的低沉嗥叫声才稍稍划破了沉寂。在这片安详宁静之中,反差显得格外强烈。我头上方是布满星斗的深蓝天空,脚下踩的则是黑黝黝的烂泥巴。月光照在垃圾堆上,仿佛象征了基督照亮我们的蒙昧。我记起了主日弥撒中诵念的信经:"我信耶稣基督,他是光所生的光。为了我们人,为了拯救我们,他自天而降。"

这是一件多么奇妙的事,一些景象会对你的智力说话。在我看来,神和人的结合,显而易见。我拿着耶路撒冷《圣经》,把一个桶子倒过来,坐在上头。我借着手电筒的光,找到了当年我母亲在马槽前说的话的出处:"他本来富足,却为你们成了贫穷,叫你们因他的贫穷可以成为富足。"(《哥林多后书》8章9节)我读到耶稣在拿撒勒这个遭人鄙视的小村庄长大。我们或许会问:"拿撒勒能出什么好东西吗?"我自己也常听到这个轻蔑的句子:"穷人那儿能出什么好东西?"

我随手翻着书页,无意间读到《腓立比书》2章6节这几行:"他本有神的形象,却不滥用与神同等的特权。反倒虚己,取了奴仆的形象成为人的样貌。"我记起了我的历史老师郭德巴先生,他用他那低沉厚重的喉音描述着第一世纪的奴隶,他们的人格完全被剥夺,只被当作是"两只脚的动物"。当耶稣被剥夺了所有权利以后,就被武断地关到监牢里,被鞭打,被嘲弄,最后还被钉在十字架上——那是当时的传统刑罚。

我不晓得为什么,然而当时,就在我深陷在腐烂的垃圾堆之中时，基督污秽的脸庞在我眼中益发显得生动突出。我重读了《以赛亚书》有关先知看到一位神秘侍仆显出轮廓的段落："他被藐视、被人厌弃、多受痛苦、常经忧患。他像羔羊被牵到宰杀之地。"（《以赛亚书》53章3至7节）牲畜被牵到宰杀之地，对我来说，这是一幅再普通不过的日常画面。遭受羞辱的贫民窟的确是基督背着十字架、在小巷子里卖力前进的地方。他会走在我这群穷人弟兄——这些和他一样没有防御能力的人——的前面。此时此刻，我似乎在夜深人静中，听到了基督和无数人口中发出的抱怨："以利，以利，我的神，我的神，为什么离弃我？"（《马太福音》27章45节）这个呼喊压得我透不过气来，这是一个令人不解之谜：不论是在髑髅地或是在世间其他地方，在人奄奄一息之际，上帝总不见踪影。为什么？为什么？没有任何回答。贫民窟的寂静让我更加焦虑起来。

我用手电筒照着另一章节："因他受苦，有许多人因认识我的义仆得称为义，并且他要担当他们的罪孽。"（《以赛亚书》53章11节）这些话语犹如漆黑深夜中的一道光芒。正因为基督贫穷、受苦难、濒临死亡、孤独一人、被人抛弃，所以成了贫穷、受苦难、濒临死亡、孤独、被抛弃人类的救赎。他的尸首是否会从坟墓中复活，作为我们复活的开端？我的手电筒没电了。腐烂垃圾发出的呛人气味，让我觉得恶心。我感到自己像被关在坟墓一般，但没有想离开的念头。我们在哪儿可以看到生命从死亡当中破茧而出呢？

实质上，我脚下不正有一个甚为独特的寓言吗？这个黏糊糊的垃圾堆，充满了传播死亡的微生物，我们不久前才刚运了垃圾到我们盖在离这500米远的有机堆肥工厂。垃圾被吞噬到一个机器肚子里，之后转化为肥料。这些肥料将在沙漠中播撒开来，让死气沉沉的沙土里绽放出生命。这寓言尽管简单粗糙，但我能期待有什么比这更好的象征呢？万能之神难道不能让深埋在死亡之中的基督成为生命的触媒？"以马内利，唤醒你的信心，让你的心走出黑夜，你不需要靠手电筒来看到这一点。基督还活着，并化身在所有人之中。你每一天都在贫民窟里体验到他。你可以通过无数的、小小的团结互助行为，与神合而为一。"

因为耶稣基督显示了人性美善的一面，所以当人完全赤裸、眼神只专注在神和他人身上时，他将重新找到原初本有的人性。因此，每当人进入赤裸之中时——那是一种消除自我中心意识以迎向他人的状态——他将继基督之后，与神相遇。他无意识地在单一的行为中，同时实践了人性与神性。除此之外，至关重要的是，这是与基督相遇的唯一方式，不论我们是否为基督教徒。

"人"是我们与神相遇之处

我在那个晚上，在虚缈空无中，思索人性丰富所得到的教训，弥足珍贵。宗教，换言之，人和神的关系，是在全然的人性中，在日常生活中，在具体的团结互助中获得实践。反之，宗教将仅是一种幻觉而已！事实上，神是通过人，拿撒勒的耶稣，来到人的面前。"人"是我们与神相遇之处。

的确,我和贫民窟兄弟姐妹之间享受着一种朝气蓬勃的人际关系,这些关系尽管脆弱、有限,却能与天地产生联系。我一想起每个小屋里所洋溢的温暖气氛,顿时又涌现了无限希望。"以马内利,要勇敢,别害怕,让基督在你身上实现他销毁和解放两大动能。你要和你贫民窟的弟兄们在此时此地展开抗争,以期改变贫民窟的生活条件,这会是我们在另一世界要掀起的反抗的幼苗。"

话是没错,但这也不是一件容易的事。我坐在水桶上,四周一片漆黑,我顽固的脑袋里仍在强词夺理,又起了怀疑。我们如何能轻易相信会有一个光明世界?会有一个正义永存的王国?我试图摆脱焦虑,抬起头看着静谧的天空——一个使徒看到耶稣升天的天空(《马可福音》16章19节),基督为我们在那儿准备了位置(《约翰福音》14章23节)。这时,我记起了《圣经》另一章节:"在天上,以马内利,神与我们同在,神要擦去我们一切的眼泪。"(《启示录》21章4节)是的,眼泪将被擦拭,这些微不足道、受苦受难的人,这些上帝的子民,这些不认基督的弟兄们的眼泪!

一股热潮袭入我体内,顿时眼睛昏花;黝黑的烂泥巴、乌黑的猪崽,一时间也模糊蒙眬了起来。我倚着蜡烛的微光,查看《马太福音》25章,这些章节让我再次沉浸到了贫民窟的日常活动中,"因为我饿了,你们给我吃。渴了,你们给我喝。我病了,你们照顾我……这些事你们若做在我这弟兄中最小的一个身上,就是做在我身上了。"除了牲畜、垃圾之外，我确实在围绕着我的穷人彼此的团结互助中，体验到了与贫穷基督的相遇——我们在一种亲密的氛围中，和他并肩相处。

我轻轻地合上了《圣经》，并在牲畜与人和平共处的静谧中，回到小屋躺了下来，口中默念着耶稣的话语："你们这蒙我父赐福的，可来承受那创世以来为你们所预备的国。"（《马太福音》25章34节）之后，我带着微笑入睡，脑子里想着救世主基督，他老早就为世间因正义而战的人开启了"神性化"的过程。是否就是在那一夜，我梦见了他在另一头、在梯子的顶端，等着我们？梯子的头几层阶梯正插在贫民窟里。

翌日清晨5点，我的小闹钟发出如雷声般的轰隆轰隆声，把我从床上吵起来。我立即去察看了一下水罐，确定老鼠没将水打翻。我匆匆梳洗过后，跑着赶搭小火车去领用圣餐。我在每天清晨都会前往的小教堂的寂静中，在与加尔默罗会修女的冥想合为一体中，做了以下祷告："神啊，谢谢你到世间拯救我们，并为确保人的生活处境而努力，一直到死为止。感谢你在你的王国为所有愿意在人世间互助团结的人准备了位置。"在我领受圣饼之后，顺从的、轻盈的，再度与基督和我的弟兄们一起团结地进行抗争。

我以上所描述的是基督双重、不可分离的动能：其中一个往下，另一个则朝上。现在，我将以一把相当奇特的梯子，来总结我在猪圈中所作的沉思，并且呼应我曾经做过的梦。在这把梯子上，我们会先从一头往下走，再从另一头往上爬。基督本身就是一把联结人和天父的梯子（《约翰福音》1章51节），正是因为他坠落到贫穷之中，人才有升天的可能。

第一个运动，亦即往下坠落的运动，指的是"化身"的奥秘，是毁灭的深渊，是未来荣耀的幼芽，也是人类救赎的起始。神不怕化为人身。在创世之初并不需要有这个化身；人的肉体和尘土一样，都还是洁净清纯的，尚未被血迹给玷污了。"天起了凉风"，上帝来跟人说话。（《创世记》3章8节）然而一个刺耳的叫声即将震响天际，并且回荡在往后的无数世纪里："该隐，你做了什么事呢？你兄弟的血从地里向我哀告。"（《创世记》4章10、11节）哪一个人能够洁净沾满了血迹的土地，拯救"犹如一群从罪恶滚到罪恶的人"呢？（圣奥古斯丁）[1]

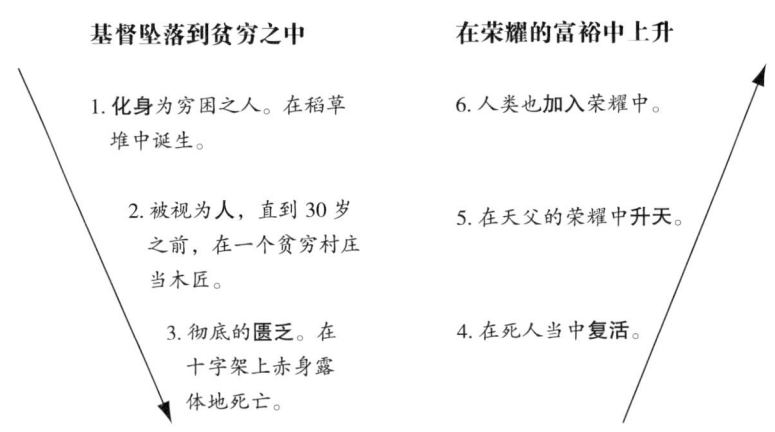

---

[1] St.Augustin（354—430），中古早期重要神学家，对基督教思想影响深远而长久，著有《忏悔录》、《神都论》等。

这乃是几千年前，神决定化为人身，并沾染人所受的诅咒和死亡，以便让人有救赎的可能的奥秘。他彻底地坠落到贫穷之中：以婴儿之身出生在稻草堆上！他在拿撒勒这个为人鄙弃的小村庄中当木匠，30岁离开时，身无分文，甚至连一块可用来安置头的石头都没有。他四处宣扬福音，传达爱的王国的好消息；但与此同时，他也激起了批评和反对的声音，并因此受审判、被判有罪、遭处决。他被钉在十字架上，人们甚至将他身上的衣服给剥了下来，分给士兵。彼拉多说道："你们看这个人。"（《约翰福音》19章5节）对我而言，的确，耶稣是人，是赤身露体的人，是起初原有的人，是神的形象。他之所以是人，并非因为他所承受的凌辱，而是因为他选择了匮乏，化为人身的匮乏。有失必有得：他离开了神性，以便与人的贫穷合而为一；他将在荣耀中被颂赞，因为他爱人爱到底。

"人为朋友舍命，人的爱心没有比这个大的。"（《约翰福音》15章13节）耶稣之死乃是他"激烈的爱"的结果。那将他吞噬的热情，是他的一项使命——要把人从死亡中拯救出来。如果说他进入死亡，进入我们的死亡之中，是为了要将我们从死亡中抽离出来，那么，所谓的"死亡"，我们的死亡，并不单纯只指生命的结束而已，它同时也包括了所有阻止我们展现真正自我和窒碍生命力的事物。

第二个运动，亦即向上爬升的运动，指的是"复活"的奥秘。《圣经》最后一书《启示录》，以激烈的口吻叙述了对兽、邪恶、死亡所进行的庞大战争。兽的胜利不过是暂时的，因为它终将落败："不再有死亡，也不再有悲哀、哭号、疼痛，因为以前的事都过去了。"(《启示录》21章4节)基督升天,是在人升天之先。所有良善的卑微者和穷人,所有跟随他的人(有时尽管他们自己都不知道)都将得以升天。耶稣唯一的命令是:"我怎样爱你们,你们也要怎样相爱。"(《约翰福音》13章34节)

因此我相信:耶稣是完完全全的人,也是完完全全的神。人一旦脱离了让他封闭的芝麻绿豆、小鼻子小眼睛的琐事,并选择在爱中获得解放,他将拥有与使他恢复生命的基督一样的气息,他将加入这个既是完完全全的人,也是完完全全的神的动能之中。

这是我长久以来,在汲汲不倦寻找生命、苦难和死亡的意义中,所持有的基督徒的信心。对我而言,只有一个回答能够同时满足我的理智和心灵——帕斯卡所说的"心"——那就是agapè,即"爱"。

不论神或人,他们真正的爱,都是一种"放下自我"。爱是丰富的分享与相互施与,爱是世界上最美好、最奇妙、最有效的力量——不论苦难或邪恶,都无法消灭它。爱不会消亡,它让我们成为活人,它是永恒的。

行动的神秘

在我看来,基督因自身贫穷、将人提升到永恒喜乐的经历,值得我们以一种带有神秘色彩的眼光来看待。

在贫民窟，我有时感到自己在和这些如此贫困却又富有弟兄情爱的穷人的相遇中，接触到了基督。我仿佛置身于另一个世界，超越我以往所认识的世界。我看不到那个将可见与不可见世界分开的深渊。如果说神为了拯救人而化为人身，那么是因为他要进入人的内在深处，让人得以在世间接触到神。他和我们合而为一，成为一个神秘的整体。

我在许多人身上看到了这一点。那些将自我奉献给穷困兄弟姐妹的人经常有这个体验，例如贝希吉耶神甫（Peyriguière）。我30多年前读过关于他一生的故事，令人终生难忘。他将全部的时间用来祷告和服侍北非的病人。对他而言，不管是对神的默想或是为人展开的行动，都同样是一种爱的行为。这是一个非常独特的经历，通过可见之人——他这时仿佛像个透明人一样清楚通彻——不可见之神得以显现。

对某些人而言，他们或许对此感到震惊，因为我们这儿所说的并非普通的人际关系，而是一种神秘的超验现象。能够与贫穷基督心贴心地黏合和共鸣之地，就像是墓碑一样地被封了起来。那些因独特恩典看到石头被挪开的人将进入坟墓，但基督已不在那儿——虽然人身还在那儿。和被钉在十字架上的人身相遇，其实就是与基督相遇。那些经历与基督相遇的人，实际上已进入复活之谜，尽管这一切隐晦得令人难以理解。

总之，只有在行动当中，人才能从人性过渡到神性。事实上，我认为所有在具有弟兄情谊的行为中奉献自我的人都能抵达顶峰，这个顶峰超越了纯粹的团结互助行为。关心穷人，也就是触摸人神合一的基督。这个表面看来只是开启一种人性境界的行为，实际上也包含了神性。正是在这个意义上，行动具有"神性"。

要让看行动价值的眼光有所转变，不是靠自己在封闭的意识形态中尝试就能达成，而有赖于一种关系的变化，一种我们走出自我、迎向他人的人际关系的变化。任何人在施与他人，在自我匮乏以有利他人的行动里，拥有和放弃神性而为人的基督一样的面貌。在这儿，我们超越了以加入某个宗教信仰来爬升到神圣顶峰的层面。基督视所有具有兄弟情谊的行动犹如他自己的行动，赋予行动一种神圣的属性。富有兄弟情爱的行动（它超越了任何宗教信仰）乃是进入父神天国的唯一道路。

然而，我们也别忘了，人内心有两种相互矛盾的期望。一个是平静良善的世间生命。我们希望在"世间"能够拥有我们的小小天堂！当地狱日来临时，我们将起身反抗。神做了什么呢？如果他真存在的话，不是应该将我们所有的苦难除去吗？他的角色不正是一位宽厚的君主吗？恰恰不是，这不是神的计划。人的第二个期望是成为个人的主宰。人希望成为他的生命、他的聪明才智和大自然的主宰。"你们便如神能知道善恶"，撒旦对夏娃说道。"既非神，也非主人！"人被引诱成为他自己唯一的审判官以及"善""恶"的审判官。他想成为自己的神。然而，这个想望却是充满灾难的，我们每天都能看到这个想望的后果：战争、屠杀、镇压。人成了人的玩具，人无所顾忌地把自己塑造成神和世界的裁判。因此，我们又再度陷入绝境。

不过，我们仍旧有逃脱的办法，因为基督化为人身、降临世间的终极目的，是要让我们得以神性化。是的，我们可以像神一样，但只有当我们重新找到自由，当我们成为弟兄、盟友、互助团结之人的时候。是的，在世间生命，在卑微的日常生活中，确实隐藏着天堂的片刻，但唯有通过爱才能体验到。正是在爱中，人人将形似基督；正是在爱中，人人将重新找到人神合一的形象；也正是在爱中，人的愿望与神的旨意取得了妥协。

我深信，那些不信神但却能够发挥弟兄之爱的人，神对他们依然充满信心。

无固定居所的游民

我此时来到了我生命的最后一个阶段。1993年，在我接受上级命令，离开贫民窟回到法国时，悲惨世界的问题在我内心根深蒂固，一时难以消散。然而，我必须承认，我绝没料到会在自己的国家发现这般惨境，而且深陷其中的人数会如此庞大。我指的是无固定居所的游民。我生命再一次受到了强烈的震撼。

我难道可以平静安稳地待在舒适的养老院里？"以马内利修女之友协会"和我的顾问帮助我指导一个积极的研究。在我年老的岁月里，该用什么方法再度和穷人一起，为穷人而活？我们联络了法国南方卢瓦尔河区的一个协会，我加入了其中的一个团队。

这个协会旨在协助回应游民的需求：有些人遗失了所有证件，抑或从来就没有过证件，绝大多数的人都需要接受戒毒治疗，协会陪同人员的所有努力都着重在让游民能够重新融入社会。

然而，我们在许多人身上遇到了一种"无欲望"，这些游民完全失去了任何希望，他们不再相信任何事情或任何人。他们被家人排斥，遭社会藐视，他们接受的职业训练全派不上用场，也没有人推荐他们任何工作。他们到处受伤，只求能够存活。遭到彻底严重打击的是他们的生命力。我们为什么喜爱活着、呼吸、行走？那是为了朝一个亲近可人的地方、一个有趣的工作、一个等待着我们的人的方向前进。但这些游民呢，他们要朝哪前进？什么居所？什么工作？什么朋友？他们一无所有。日日夜夜，除了街道之外，他们别无其他视野。的确，他们还有着呼吸的气息，但这能带领他们朝哪儿去呢？

让我们把分析再推得更远一些。归根结底，在他们所处的"无价值"、"无存在"中，他们像谁呢？是否像那位在两千年前把自己交在彼拉多手上的耶稣？他同样孤独一人，遭到离弃，没有价值，没有人要他，没有人前来救他，他是一位被众人排拒的人。"你们看这个人"，他正是彼拉多指给人群看的人：这个穷困潦倒之人。难道这些可怜的游民不正有着耶稣的形体，而耶稣有着他们的形体吗？一些良善的人或许会对这种比较表示抗议："算了吧，这些游民、醉鬼、暴民、小偷，他们如何能跟基督这个无辜的受害者相比！"然而，他们所遭受的排斥、隔离，他们坠落到社会阶梯最底层的境遇，却与基督非常类似。这些流浪汉经历了多少苦难！我之前已经强调过，我们对他们所持的轻蔑态度，才是潜藏在他们内心深处的真正痛苦，而我们竟然会对他们成为酒精或药物的奴隶而感到讶异。那是他们在这世间的唯一慰藉，他们唯一的解药是麻痹自己。当然，药物也让他们受到奴役，他们之后很难再找到一条出路。我们再次遇到了他们的"无欲望"这个问题。他们绝大多数甚至连"想望"的力量都没有。他们很清楚，有一天将和自己的许多朋友一样，年纪轻轻的，在一个比其他日子寒冷的冬夜，在一个用药过量的夜晚，冻死在人行道上。

是的，基督在我眼前换上了游民的面容：他被身上所背负的十字架的重量压倒在地，爬不起身来，直到最后遭众人离弃，钉在十字架上死去。这时是否一切都将结束，对基督以及这些流浪汉而言？不，绝非如此！对我而言——诚如对所有基督徒而言——基督还活着。他将生命转移到我身上，让我得以活着，他的生命也将转移到其他人身上。没有任何事情该让人彻底绝望。我认为，基督耶稣为那些被世界排斥的人特别预备了位置，因为他知道什么叫"被排斥"，他们能够互相了解对方。

生命的汁液灌溉希望的花苞

在我写下这些段落时，正值春天复活节的那个星期。我看到院子里的无花果树上冒出了第一批嫩叶，光秃秃的玫瑰花枝上也出现了几个满载希望的花苞，一切再度绿意盎然。我看到了大自然的复苏，我也相信人性的复活、人将升华到另一个世界——一个正义的世界。那里生命的枝叶在向上蹿升。

然而，我也忘不了一次应邀上米歇尔·德鲁克[1]的节目时，杰哈尔·米勒[2]对我的训诲。他责备我光看世界美好、乐观的一面，沉湎于虚假的喜乐之中；他自己则在纳粹大屠杀的时候，丧失了百分之九十的亲人……我回答他说："你所言甚是……"我也忘不了因酗酒过量，死在法国南方路尔德（Lourde）的尚路易的脸庞。他口袋里放了一张圣母玛利亚和一张我的照片（上头还有我给他的亲笔题字）。我是否给过他足够的温柔？他在临死之际，是否想到了在天上等他的慈爱圣母？

我必须再走得更远一些，让自己被受难基督的激情、他对受压迫者的激情所淹没。我是否惧怕这片黑潮？我是否缺少勇气来和因人愚蠢行为而死的基督以及我这群遭到挤压粉碎的同类之间，更亲密地融为一体？

我希望自己能够正视今天大企业用来排挤、压抑他人的可怕手段，让大都会郊区居民产生暴力的失业问题；南方人民因被迫接受微不足道和波动不定的原料价格而陷入悲惨生活等问题。

尽管如此，这世界也不是只有苦难而已，我们别忘了还有一群谦卑的英雄，总是隐身在他们于世界各地进行的工作以及对抗

---

[1] Michel Drucker，法国知名电视主持人。
[2] Gérard Miller，法国心理分析家、专栏作家、电台主持人。

各种形式奴役的行动背后——不论这些行动是否具有神秘色彩或成效。我也希望能够倾听这些充满活力与蓬勃朝气，并热爱正义理想的年轻人的声音。神并未从这世界消失。他仍与我们同在，但像一颗埋在土里的种子，贫穷基督并未选择超人的方法，而是在卑微的人性生命中——而且就是"人"而已——掌握了我们人类文明的命运。

第六章　神的选择

在本书中，我试图阐述我对人的身份和幸福的活力泉源所作的探索。我认为，耶稣基督有人的形体和特质，但他同时也显露了神性。那么，耶稣基督的神到底是谁呢？

这个问题恰巧是我非常喜欢的一首圣歌里的重复句：

> 神到底是谁，如此无力、如此宏伟、如此脆弱？
> 神到底是谁，愿意如此爱我们？
> 神到底是谁，必要时，愿意有一颗穷人的心？
> 神到底是谁，愿意毫不抵抗地将自己交在人手中？
> 神到底是谁，因他的死让我们有了生命？
> 神到底是谁，愿意如此爱我们？

要求"行正义"的父神，选择了以平等的姿态，与软弱、受压迫的人在爱中相连。这是"《圣经》之人"（Homo biblicus）这个神在救赎过程中使用的人的形象。

《圣经》之人

事实上，《圣经》显示，神总是垂怜眷顾痛苦之人，不论他受的是哪种形式的苦：卑微者，软弱者，无力者。神正是以穷人的身份，加入穷人的行列。当人在贫穷之中时，身体和心灵皆有了价值。

首先让我们来看看亚伯拉罕。"信心之父"一天听到了神令人畏惧的命令："你要离开本地、本族、父家"（《创世记》12章1节）。对今天不断旅行的我们而言，简直无法想象这个不容置辩的命令在当时所具有的冲击力。在四千多年前，要人离开他的土地、他的部落和他的氏族，意味着出外冒险，承担死亡的风险。尽管如此，亚伯拉罕还是起程离开了，"虽然不知他将往何处去"。尤有甚者，按照当时习俗，他必须将年老才获得的挚爱儿子以撒献为幡祭。亚伯拉罕抵达了神山的光秃尖顶，他愿意失去仅有的财富，他的后代；他将在无子嗣、羞愧之中黯然死去，他将消失在虚无荒凉之中。然而，神厌恶流血！一位天使及时阻止了那把在小孩头顶上方挥舞的刀子。贫穷、匮乏的亚伯拉罕，突然之间成了富足的族长，后裔子孙如同天上繁星一样多。被命令离开家园的亚伯拉罕，有信心、愿意失去一切的亚伯拉罕，成了"多国的父"（《创世记》17章4节）。

后来，当神差遣先知撒母耳到耶西那里去，在耶西的众子之中，立其中一位为王时，耶西叫出7个儿子给撒母耳看。长子尽管有权力，而且"身材高大"，但并没有被拣选上。其他6个儿子，也没有任何1人被拣选上。的确，"人是看外貌，耶和华是看内心。"（《撒母耳记上》16章7节）第八个儿子大卫，一开始就被他父亲给排除掉了，因此，必须特别派人到"羊圈中将他召来，叫他不再跟从羊群"（《撒母耳记下》7章8节）。然而，最后却是他，这位排行最小的幼子，让先知用王国的油膏给涂了身。当全副武装、对自己力气充满自信的巨人歌力亚，率领非利士人要消灭以色列时，仍旧是这位个子矮小的大卫，无所畏惧地单独一人，不拿刀枪和歌力亚作战。大卫确信支持弱者的神必帮助他，他挥舞着弹弓，以一颗小石子打中了巨人的前额，巨人应声扑倒在地。后人认为《诗篇》是大卫写的，犹太人和基督徒在他们做礼拜的仪式上，仍旧高唱着这些诗篇。耶稣基督正是出生在大卫这位小牧羊人的后裔之中。

耶稣并非出生在一个享誉盛名的城市，罗马、雅典都没有受到神的青睐；中选的是一个叫伯利恒的小镇。同样的，也是一位默默无闻的年轻女人——拿撒勒人玛利亚，被上帝拣选来颂唱圣经里最具革命性的圣歌（《路加福音》1章47至56节）：

耶和华顾念他使女的卑微。
他叫有权柄的失位，叫卑贱的升高。
叫饥饿的得饱美食，叫富足的空手回去。

贫穷的富裕

我忘了是南美洲哪个国家,其统治者禁止在教堂里唱圣母赞歌——这些歌词在他眼里具有太大的颠覆性了!我们可能强调得还不够:年轻的玛利亚,否定强势者,却重视弱势者;她的灵感来自旧约圣经的伟大传统。玛利亚犹如位于一长串 anawîm——神受凌辱、贫穷的子民,他特别眷顾之人——名单之首。

的确,玛利亚不仅贫穷,同时也陷于危险的处境:未婚夫约瑟公开揭发她怀孕之事实,这等于宣判了她的死刑;她被人丢石头,那是对红杏出墙女人的惩罚。尽管如此,她并未心慌意乱,因为她肚子里的是神的小孩。anawîm 在自己的软弱里,充满温和平静,泰然接受他们仅有的些许权利的减少。他们的赤裸匮乏反倒成了互助团结的基石,所有无力者都是他们的同类。在天父眼里,这正是他们的富裕所在。因此,数世纪以来,拿撒勒人玛利亚成为接待神、帮助受苦受难者的楷模。

这项"神的政策":选择受辱之人,对我们来说,对我们这些永远会受闪烁发光之物所迷惑,永远长不大的小孩来说,始终是个谜。我们全都像我某日在突尼斯首都突尼斯市一所学校操场上看到的少女一样,快步朝地上一个发亮的东西跑去,俯身将它从地上拾起来,随后又气恼地丢在地上——那是一片在阳光下闪闪发光的玻璃碎片!吸引神的是另一种闪闪发光、更为珍贵的价值。

我认为我们需要再继续深入追溯下去。被希特勒监禁、被天地遗弃的潘霍华牧师[1]，面对的是缺席的神，神是否总是任由无辜的人遭受压迫呢？耶稣的呐喊也成了他的呐喊："我的神，我的神，为什么离弃我？"天主啊！万能的父神啊！为什么？正义和怜悯的神啊！你在哪儿？潘霍华牧师不断探究这个问题，他在牢室的孤寂，在被折磨、拷打犯人的号叫声中，苦苦地寻找着答案。我们可以从他的书简中看出，他因坠落地狱而找到了神——但不是军队的统帅，抑或至高无上、胜利的统治者，而是那位选择耶稣到世间拯救痛苦的父神。神亲身体验了人各式各样的处境，他在耶稣身上融合了神的力量和人的软弱。自此以后，人在压迫甚至死亡之中，有了复活再生的可能。潘霍华牧师最后接受了自己的死亡，与基督的激情合而为一的死亡，那是永恒生命的开端。他在世间最残酷的生命处境当中，发现了爱的奥秘。"你的瀑布发声，深渊就与深渊响应。"（《诗篇》42章8节）在爱的瀑布声响中，无依无靠的深渊就与救赎的深渊相互回应和共鸣。这是一个激荡着神之泉水的漩涡。"深哉，神丰富的智慧和知识！他的判断何其难测！他的踪迹何其难寻！"（《罗马书》11章33节）

当我想要给神建议，问他为何以及如何等时，有时会复诵上面这个句子。我尝试用这个方法，让我动不动就抱不平的脑子平静下来。因为，毕竟，我算老几？有什么资格在神无限的智慧面前张牙舞爪？我嘛，当然会选择打倒恶人，以阻止他们让良善之

---

[1] Dietrich Bonhoeffer（1906—1945），德国才华横溢的青年神学家，是影响当代神学思想最重要的人物之一。

人受苦受难。但我也将因此取消人的自由,把人变成了机器人!然而,神的选择并非如此。

那么,这位尊重我们的自由、差遣他儿子到世间来承受和分担穷人的生活状态——而不是来统治他们——直到被带到"髑髅地"山顶并在十字架上受凌辱的神,究竟是谁呢?

对穷人的偏爱

基督教的神,选择与穷人结盟。犹有甚者,他自己也成为穷人,选择以软弱作为行动的手段。基于这个根本理由,基督教的信仰同样也应该视穷人为关怀的优先对象。基督教的抗争,即使是为了再崇高的目标,也只能披上贫穷的外衣。

当然,成为一个有权力、有财富,甚至居领导地位的教会的诱惑,将一直存在。难道教会不应该将大部分资源用来传教,用来引领人信奉基督和获得拯救吗?然而,一种更合乎基督的福音,以自我匮乏来服务最孤独无依者为主轴的属灵生命,却是我们的唯一道路,是上帝眼里唯一有成效的道路,是蕴涵永生种子的唯一道路。

这条路也是初期基督徒走的路,然而,在君士坦丁大帝信奉基督教之后,教会不断地积聚财富,并演变成为一大势力。权力的诱惑产生了各式各样的偏差:监控过度、"异端裁判所"(inquisition)、向其他宗教宣战等。教皇保罗二世为了提醒信徒天主教曾经犯过的错误,呼吁大家要忏悔;每一个天主教会,每一位基督徒,都要忏悔,因为我们每个人都是罪人,都是罪恶团体的一分子。

当然,这么多世纪以来,许多教派以早期基督徒为模范而建立——"那许多信的人都是一心一意的,没有一人说他的东西有一样是自己的,都是大家共用,照各人所需用的分给各人。"(《使徒行传》4章32至34节)在这个不断获得更新的基本动能里,教会仍旧是许许多多慈善事业的创始者,例如建医院(法国各地常见的"主宫医院",Hôtel-Dieu),组织救济穷人的工作(圣文森特会),开办民众学校(萨尔神甫[1]),发展老人中心(安贫小姐妹会,Petites Soeurs des pauvres),将陷于困境者列为优先关心的对象。加尔各答的特蕾莎修女把"社会残渣分子"本应得的"敬重"和"尊严"还给了他们。

今天,在世界各地都可以看到义工、志愿者的人数不断增长。其中,我对"以马内利"(6000名青年)和"圣艾吉迪欧"(7000名青年)等团体的情形格外了解。在这些团体当中,每位成员在所处社区都有一席之地,每天都有祷告的时间,同时也负责执行某项社会活动。

对于那些认为教会因循守旧、一成不变的人,我的回答是:

---

[1] Jean-Baptiste de la Salle(1651—1719),有鉴于该堂区法国兰斯教育素质低落而兴起治校念头,召集一批有志献身教育民众子弟的青年,给以相当的培训,开办民众学校。除了是师范学校教育的滥觞之外,学校因提倡以各国本地语言,而非一般惯行的拉丁语来教学,一般平民百姓都乐于接受。Jean-Baptiste de la Salle修会至今仍致力于办学校、提高民众教育程度。

我年纪老迈,但在过去的20世纪里,我亲眼目睹教会不断向前挺进。教会不再选择"胜利主义",而是愈来愈倾向采取行动,去介入和帮助那些无依无靠的人。开发新信徒的热忱,逐渐让位给了"尊重"和"对话"。著名生物学家巴斯特(Pasteur)的名言,很大程度地获得了实践:"当我遇到一位深陷困境的人,我不问他信什么宗教,也不问他来自哪个国家,而是问我能为他做什么。"

尽管如此,我们必须承认,统治和支配心态是人性的一部分,而且这种心态也毫无例外地存在于所有体制和宗教之中。要实现梵蒂冈第二次大公会议[1]中所宣布的:"一个具有服侍精神和贫穷的教会",将是一场永无止境的抗争。教会内部永远会出现矛盾和冲突。我和所有其他人一样,必须定期反省自己。我们要寻求神在世间的统治,就必须拥有一颗穷人的心。我感到自己的心是多么容易就刚硬起来,对他人的痛苦总是不够关切!

为了更贴近真理,我必须再次重申:邪恶、不正义的力量有时看起来那么强大,而神又是那么遥远,完全不见踪影,我有时真想干脆放弃。我的行动是否只是消失在汪洋大海当中的一滴水而已?神啊,你在哪儿?你在做什么?我飘摇晃动着!我向你呼喊,将你的力量赐给我,"帮助我坚持不懈地为正义而战,帮助我了解正是这抗争能引领我们得永生。"我不断地复诵着基督的话语:"我的国不属于这个世界。"犹太人等着弥赛亚来解放人类和帮助他们

---

[1] 教皇约翰二十三世(Pope John XXIII)于1962至1965年召开,该次公会旨在推动天主教和基督教之间的"大合一运动",是历史上最重要的三次公会之一。

复国。这才是位英雄，他会粉碎罗马人的统治，让以色列成为世界的胜利者。追根究底，我尽管用的是合乎我时代的方法，但难道不也是抱持着相同的期待？我多希望那些统治者能被推翻，被压迫者可以永远长久地享受正义！

然而，基督带给我们的是另外一种完全不同的视野。当他以五饼二鱼喂饱了五千人，知道热情激昂的众人想要"强逼他做王，就独自又退到山上去了"。（《约翰福音》6 章 15 节）重读圣经章节让我获益匪浅！它开启了一个充满神性（而非人性）的视野。耶稣并非被差遣来当这世间的权势，当伟大的君王。他不是来扮演人的主宰，而是要把人解放出来。他是天父爱的使者。因为爱，他化为人身，并分享人的命运。在这个同舟共济、生死与共的行为中，他成了让人重新振作的催化剂。因为爱，他在神和人之间建立了一种伙伴关系，选择尊重人的自由和个人责任，而非将任何事物强加于人身上，尽管出发点是为人好。"他不带任何抗拒地将自己交在人手中"，因为他知道，爱比死亡的力量更大。爱的本质能够超越所有消失毁灭之物，因为爱是亘久永恒的。爱目前看来仿佛从这个世界缺席，但其实并未完全消失，它存在于所有热爱和发扬正义的人心中。

事实上，在这场与穷人一起为穷人而战的抗争中，我们将超越苦难所具有的毁灭力量。"正义"包含了永恒的嫩芽。正义为奠立"真善美"而不断向前迈进的脚步，贴合着神的步伐、他存在和行事的方式。使徒约翰言简意赅地说明了基督动力的精髓："我

们因为爱弟兄,就晓得是已经出生入死了。"(《约翰一书》3 章 14 节)

你在你的内心和周遭都感受到了苦难和死亡的嫩芽,你渴望自己能够拥有朝气蓬勃的生命,那么你就必须去"爱人"!任何真爱的本质都富有神性,尽管我们没有意识到这点,也不需要去相信。让我们拒绝将心封锁起来的力量,带领我们为求正义、起身投向受苦弟兄的力量,乃是复活的力量。

我总是不断地一再谈起"复活"这个主题,因为光是它,就足够帮助我找到人在世间短暂但辛苦的生命的意义。我认为奇妙的是,神永远不曾放弃我。我的信心如此脆弱,总是不断产生疑惑,但每一次——毫无例外——他的活力生气总会再度抓住我,让我得以重新踏上狭窄的信心之路。

慈善抑或政治

经常,当我大声疾呼不正义的罪行,当我呼吁大家必须和穷人一起、为穷人而战时,一些良善的灵魂就会给我以下忠告:"修女啊,做善事就好,别搞政治!"我并非在搞一般概念里的政治,然而,我试图唤起人们的意识和良知,去关注发生在都市边缘社区的不正义现象,鼓励年轻人和年纪稍长的人,起身参与一些国家和国际组织,和所有不愿接受穷人理当受污辱、某些民族理当要挨饿的人团结起来,展开对抗。

人有群居性和如兄弟般的情谊。人的幸福与神的计划,要从政治层面来实现,亦即,人与人、民族与民族之间的关系。弟兄在世间彼此团结,这是要重现在天上、在三位一体的爱中彼此相通的形象。卢布耶夫所绘的三位一体圣像精彩动人地唤起了这点。画面上的所有一切,都是形体弯曲柔和、俯身朝向"他者",所有动作都是朝放在桌上的高脚盘汇集。盘子上放了一只幡祭的羔羊。在全然永恒之中,神要拯救的世界也在场。应父神之邀,神子将进入我们的血肉之躯、我们的苦难和我们的死亡之中。借着爱的运行,神子在升天之际,也将领我们一起到天上与神同住。受压迫的人也将参加三位一体神的盛宴。

当慈善情怀转为"政治"时(从这个词高尚和广泛的意义上来说),当爱与正义的话语化为行动时,将体现出一种神的伦理,真正进入了神的选择。与"政治人物"相反的是,圣经通本所流露的讯息,暗示了一种神性政治,一种精神层面的政治视野;而"政治人物"通过引人争议的做法,寻找的是个人利益的胜利、少数人在全体人民之上的权力、部分人对其他人的掌控,等等。

先知们不凡的勇气

当以色列的先知们要抗拒权势者的不公正行为时,他们丝毫不怕引起民怨。在众多先知当中,让我们听听阿摩司的怒吼:"那些以强暴抢夺财物、积蓄在自己家中的人不知道行正直的事。这是耶和华说的……你们住撒玛利亚山如巴珊母牛一样的人啊,当听我的话。你们欺负贫寒的、压迫穷乏的，对家主说，拿酒来，我们喝吧。日子快到，人必用钩子将你们钩去，用鱼钩将你们余剩的钩去。"（《阿摩司书》3章10节和4章1、2节）

这些先知举手可是不留情！听听何西阿怎么说的："以色列人哪，你们当听耶和华的话。耶和华与这地的居民争辩，因这地上无诚实，无良善，无人认识神。但起假誓，不践前言，杀害，偷盗，奸淫，行强暴，杀人流血，接连不断。因此，这地悲哀，其上的民、田野的兽、空中的鸟必都衰微，海中的鱼也必消灭。"（《何西阿书》4章1至3节）训诲清晰明确：正义将唤来幸福，各式各样的压迫都是灾难的根源。"欺压贫寒的，是辱没造他的主。"（《箴言》14章31节）以神的名义说话的人，言辞都铿锵有力！他们冒着坐牢、流放、丧命的风险，无论如何都要和基督一样高喊真理。当耶稣起身反抗统治阶级时，他很清楚赌的是自己的性命，然而，当神的气息进驻人心时，他将无所畏惧，连死亡也不怕。

我们这些"良善"的基督徒，绝大多数人难道不已失去了这股勇悍的不平之气？凡事要求谨慎小心，不惹是生非。我们今天所持的言辞太过温和，不足以发动人民反抗。今天，我们在哪儿可以听到圣约翰·克里索斯托在君士坦丁大帝皇廷之前所发出的果敢言论："你们这些任由金衣绸缎在箱子里腐烂，人民却无衣可穿的人，将灾难降身。"又在哪儿可以听到圣巴齐尔（Saint Basile）的呼喊："你们从穷人那儿偷走了对你们来说不过是多余

第六章　神的选择

的东西。"

说这些，难道就是在搞政治吗？当然，"做慈善事业"并非无用，很多人都受召唤去从事慈善工作，但我们还需要更进一步对抗祸患的根源，而这根源却是在政治层面、牵涉到国家内部以及国际间的社会和经济制度。不正视这些制度，就等于和先知传统远离。数世纪以来，先知传统从未间断地试图斩断这个难以根绝的祸患；这个祸患尽管每次面貌有异，但本质却是始终如一，都是权势者设立来剥削和压榨可怜百姓的压迫性结构。神通过先知的口，表达了他的愤慨和反抗："他们吞吃我的百姓，如同吃饭一样！"(《诗篇》14章4节)因此,有谁愿意加入这场神的反抗呢？

结语　生命的喜悦

尽管自己并没有先知们措辞激烈的勇气，也没有神耐心所呈现的智慧，我仍旧吁求唤起人最根本的核心——这是人的本性与基督徒信心的相遇之处，同时也是富人与穷人结为兄弟的所在。

人啊！并不是你的银行存款、你的事业成就、你的渊博学问，构成了你的价值；而是你原初特有的本性，一种做自己、做一个独一无二的人的饥渴，一种让你的智慧、你的心、你的意志能够获得全面展开、超越所有外在压力的饥渴。

西方的生活方式，促使你追求外表的帅美、富有和迷人，要按某某明星的模样来裁剪和打造；广告也不断以物质、身体、才智、情感丰富等满溢的幻影来诱惑你。不幸的是，这一切只能让你最外在、最表面的一面获得绽放，让你能够勉强活下去而已。我们所有人都卷入了同样的虚幻困境，与我们真正的自我隔离开来，因为必须持续不断地维持表象而变得脆弱。尽管如此，我们的心依然不满足，嘴里仍旧残留着一股灰烬味。我们不自在也不快乐，一切都失去了意义。归根结底，不论我们最终是否拥有自己梦寐以求的外貌，我们的个人价值依旧低落，我们仍然企求拥有一个真实的生命,一个不再以他人为标准、终于富有自我的生命。

对他人开放,付出关怀

唯有对共同福祉的追寻,才能赋予人一个丰富精彩的生命。在我看来,这指的是:人首先需要意识到、观察到自己生命的纷乱不安、寂寞空虚、缺乏喜乐,这时才有可能进行生命大转弯,选择一个与追求虚伪造作、有利害关系、昙花一现的光彩背道而驰的方向;人这时也才有可能在他生命中加入一种不带利益动机的态度,选择一种形式的贫穷。生命的目标将不再是拥有愈来愈多的资产,剥削他人以图利,而是放弃自己最虚假造作的一面,让潜藏深处的心,这颗"施比受更有福"的心得以涌现。因为向他人开放,关怀他人,乃是回应自我的个人特质,并且最大程度地实现自我价值。人的心一旦为了同类而显露、绽放,同时也将喜乐欢唱。

当人通过一些日常小行为逐渐削弱"自我中心意识"时,人性最好的一面也将同时丰富起来。真正的问题不在于我们必须拒绝财富、美丽、才智——它们有其独特但仅属次要的价值——只不过,我们不应该把它们的地位看得过重,甚至毁灭他人也在所不惜。同样的,人回应感官的呼唤乃天经地义。不过,我想到我妈妈的一句箴言:"好东西是给好人用的……但要适度适量。"因此,"适度适量,拿捏得当",这才是关键所在。让自己拥有美妙乐趣,这何尝不可呢?不过,我们必须明白,乐趣并无法满足我们的饥渴。

这是一个吊诡。一旦我们拒绝一味追逐更多的快乐、满足我们的个人利益，以填补人类其他兄弟姐妹的欠缺时，我们同时也填补了自己灵魂的空虚。我们因每个人内心中最神圣的东西而充实丰硕。我们经历的是一种对世间幸福的弃绝。凡是愿意放弃某些短暂诱惑的人，他的内心将绽放出让人永生不朽之花。他超越了事过境迁的世界、幻影与自我中心的世界，将进入永恒不朽的世界、恩典的世界、神的世界。

人一旦重新找回他起初原有、"关系之人"、"政治动物"的本性时，富人与穷人就能视对方为自己的弟兄，随时愿意交换他们彼此的价值。"我原不是要别人轻省，你们受累，乃要均平。就是要你们的（物质）富余，现在可以补他们的（物质）不足，使他们的（精神）富余，将来也可以补你们的（精神）不足，这就平均了。"（《哥林多后书》8章14节）

如果你想了解你的精神风貌，达到你为人的高度，那么就阔步向前，朝愁困之岛扬帆迎风而去，倾听其他兄弟姐妹的呼唤。首先，给他们一个友情的目光，温暖地倾听，伸出一只手。其次，要建立彼此之间的关系，不论你能力如何，不论你财富多少，都要按你的能力，将你的面包和你的心与他人分享。不要害怕自己会失去外在的财富，要施与给那些比你更痛苦、更匮乏的人。这项选择将使你成为一个充满朝气活泼的人。不论你是否知道，然而，当你张开手，当你的心散发着爱时，你正将某个永恒之物自由地注入到这世界上。

我们全都需要能够照亮我们生命的闪光。狂喜时刻会像施加了魔力般永远驻扎在我们的记忆深处。狂喜的泉源，因人而异；人可能因为一个终于取得的成功，一个终于实现的梦想，一个终于掳获的爱情，而涌现狂喜。我在那些坚持不懈、终于帮助他人走出物质或精神贫困的人身上，看到了一种作战的狂喜。

与人分享，品尝贫穷的富裕

数月前，我再度经历了一次类似情况。一位抑郁、陷于极度困境的男人跑来找我。我该对他说些什么呢？突然之间，我有了个灵感："别再管你自己了！我知道有人正在组织一个运输队，送救济品到罗马尼亚，给一家孤儿院的 300 名受苦儿童。你也去吧！"我给了他一个地址和电话号码，他决定姑且一试。他和朋友卖力工作了 3 个月，收集了 3 大卡车的食物、衣服、玩具。从罗马尼亚归来后，这 7 位友人邀请了我。要描述他们的快乐并非易事，他们脸上、全身上下，都洋溢着喜悦光彩。他们连续 24 小时开了 3 天车，有时路况极其恶劣。到了边境，还得在寒冷中等待数小时。晚上尽管精疲力竭、口干舌燥，还是得照样向前行驶——即便在时有盗贼出没的路途。然而，当看到那群终于被宠爱、被疼惜、被尊重孩童的欢乐时，他们也不由欣喜雀跃，心与这些孩童紧紧连在一起。至于个人的种种问题，它们就像阳光下的白雪般融化掉了。

在此，我要再一次地对每一位读者说话，就像对那些我希望能够拥有美好生命的朋友、好友一样，而且不论每人遭遇的困难有何不同。我也不担心自己是在重复，这是我的最后讯息：

如果你能悄然进入分享之爱中，为那些比你处境更悲惨的人，放弃身上的虚华多余，在这个过程中，你将品尝到"贫穷的富裕"。你将是人、弟兄、神，因为你将活出到世间来教人如何爱人的基督的形象。我向你肯定我以上所言，因为我不仅自己亲身体验过，也多次在许多其他人身上看到过。你将沿着一条热情洋溢、美好动人的道路，向前迈进，你的心将因幸福欢乐而颤动。

我希望我们所有人不管在阴暗或明亮中，都能手携手地，在兄弟情谊的道路上并肩前进。这是一条能够满足人心的道路，这是一条能够满足神心的道路，这是狂喜。

责任编辑：郭良原
版式设计：高　雪

图书在版编目（CIP）数据

活着，为了什么？／（法）以马内利修女著；华宇译．—深圳：深圳报业集团出版社，2008.1
ISBN 978-7-80709-154-7

Ⅰ．活…　Ⅱ．①以…　②华…　Ⅲ．基督教—通俗读物
Ⅳ．B97-49

中国版本图书馆 CIP 数据核字（2007）第 198705 号

活着，为了什么？

（法）以马内利修女　著
华宇　译

深圳报业集团出版社出版发行
（518009　深圳市深南大道 6008 号）
三河市华晨印务有限公司印制　新华书店经销
2012 年 1 月第 2 版　2013 年 4 月第 2 次印刷
开本：787mm×1092mm　1/16　印张：17.25
字数：200 千字　印数：27000～31000
ISBN 978-7-80709-154-7　定价：28.00 元

深报版图书版权所有，侵权必究。
深报版图书凡是有印装质量问题，请随时向承印厂调换。

Richesse de la Pauvret © 2002 by Soeur Emmanuelle & Philippe Asso
Simple Chinese translation copyright © 2007 by Lipin Publishing Company
Publish by arrangement with the author through Flammarion

《贫穷的富裕》，以马内利修女 / 著，华宇 / 译
中文译稿由心灵工坊文化事业有限公司授权

Vivre, à quoi ça sert ?　© 2004 by Soeur Emmanuelle & Philippe Asso
Simple Chinese translation copyright © 2007 by Lipin Publishing Company
Publish by arrangement with the author through Flammarion

《活着，为了什么？》，以马内利修女 / 著，华宇 / 译
中文译稿由心灵工坊文化事业有限公司授权